caminando hacia la felicidad

• Titulo original: *walking towards happiness*
• Traducido por Adric Ceneri
• Publicado por Magesoul Publishing

Magesoul Publishing
www.magesoulpublishing.com

◈ *ISBN:* 978-1-953786-08-1 *SC*   ◈ *ISBN:* 978-1-953786-06-7 *HC*
◈ También disponible en Kindle.

www.adricceneri.art

Adric Ceneri

@adricceneri

*Formato y diseño por Adric Ceneri
Ilustraciones y diseño de la portada por Adric Ceneri
Revisado y editado por Adric Ceneri y Yareli Chávez*

Publicado en los Estados Unidos de América

caminando hacia la felicidad

poesía por
adric ceneri

MageSoul
publishing

Son ya varios años
desde que publiqué mi primer libro…

My Poetry: *Los Restos de un Humano*

Las lecciones de la vida me moldearon en el escritor que no
planeé ser, pero estoy feliz con el resultado.

Estoy muy contento con mi trayecto poético
y este libro cuenta la historia de los últimos años…
desde la más oscura de mis etapas
a la etapa más brillante…
el amor…

Estoy agradecido
con la vida,
con el universo,
con mis seres queridos.
Y por supuesto…
con cada ser viviente de este planeta,
simplemente por existir.

Cada día que me levanto por la mañana
doy gracias por el privilegio de vivir…
y poder experimentar la vida
amando diariamente.

caminando hacia la felicidad
Un viaje de una vida en la oscuridad hacia la luz.

¡Este libro es para ti!

Por ser la linterna de esperanza en mi camino.
Por tomar mi mano en mis momentos difíciles;
de mis pesadillas nocturnas y mis noches tristes,
por limpiar mis lágrimas derramadas en mis mejillas.
Por estar ahí para abrazarme fuerte
y darme amor como nadie jamás lo ha hecho.
Por tratar de entender mi dolor,
incluso si es ajeno a lo que sueles sentir.
Por no alejarte de mí
cuando te he rogado que salgas de mi vida.
Por creer en un mejor mañana
cuando las noches se vuelven oscuras,
por siempre resguardar mis espaldas.
Mil gracias, mi amado esposo,
por el tiempo otorgado,
por el lujo de llenar mis poemas de halagos.
Tú eres el ser más importante,
la persona más importante en toda mi vida.

Éste es quien fui antes de que entraras en mi vida
y el final de este libro;
es solo el inicio de una nueva vida
contigo a mi lado…
¡Te amo con cada pedazo de mi alma rota!

¡Jesus Rubio este libro es para ti!

ÍNDICE

caminando hacia la felicidad

Un viaje de una vida en la oscuridad hacia la luz.

CAPITULO I

OSCURIDAD INTERNA

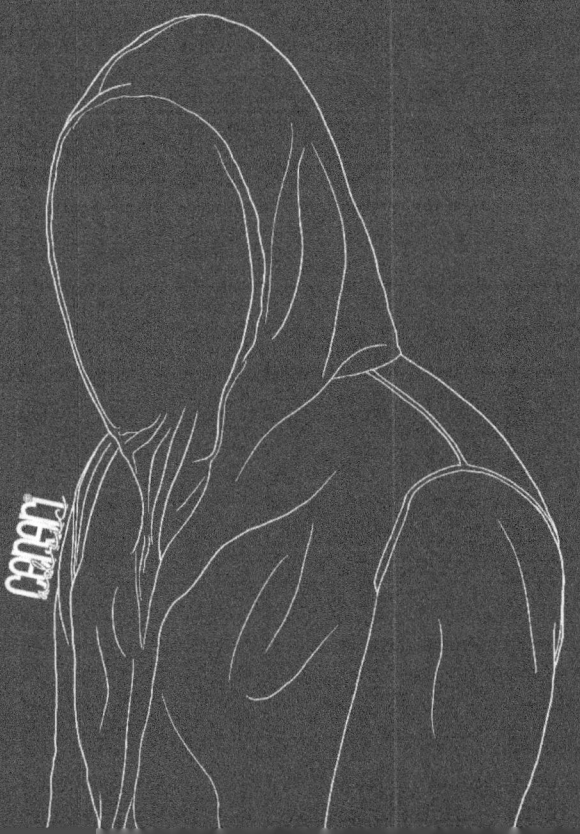

— HERIDAS

Si tan solo supieras
lo que tu voz me lastima,
si tan solo pudiera ignorar lo que digas…

Me alejaste de ti
cuando pisoteaste mis heridas.
¡Te quedaste sin mí
y yo, con el alma vacía!

Eres el ser humano que me brindó la vida,
pero el resentimiento que te tengo
no se olvida.
Entre tú y yo solo hay heridas;
grietas profundas…
que, aunque quisiera, no cerrarían.

Tantas veces, me prometí
pedirte —y pedirme— perdón…
Noches frías y largas
de abandono en mi rincón.
¡Tantas veces esperé tu regreso…
y eso nunca llegó!
Mientras me condenaban por ser…
el huérfano gay que soy
y que nunca fui capaz de cambiar,
a pesar de las mil y una veces que lo intenté.

Historias bíblicas que me llenaron de terror.
Ignorancia y violencia
que me privaron de un mundo mejor…
¡De aquí para allá, sin alivio ni compasión!
Preguntándome siempre…
si esa era la voluntad de Dios.

¡Me siento tan solo…
y lleno de rencor!
El tiempo no ha curado
mis heridas profundas,
solo ha incrementado mi dolor…

¡El tiempo ha
marchitado mi alegría…
y me han roto
mil veces el corazón!

— SI HUBIESES SABIDO

Si hubieses sabido
las consecuencias futuras...
quizás hubieses hecho
las cosas con más cordura.

Nunca entendí,
pero quiero creer en ti sin amargura.
¡Creer que lo hiciste pensando...
en el bienestar de tus criaturas!

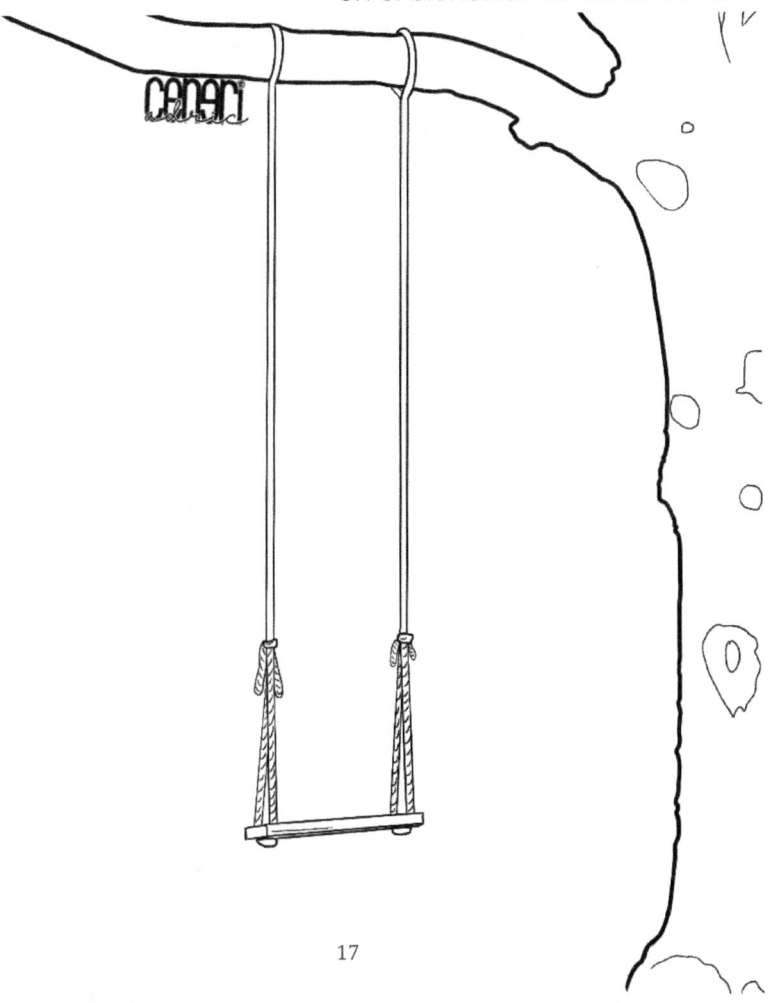

He estado molesto contigo
por haberme abandonado,
culpándote siempre
por lo que me ocurrió en el pasado;
culpándote siempre
por los insultos y los agravios;
culpándote todo el tiempo
por las heridas que me marcaron.
¡Culpándote por no estar ahí
cuando más te he necesitado!
Desde que te fuiste...
lo perdí todo y quedé envenenado.

Cuando te fuiste,
mi mundo de ilusiones se colapsó.
Tú eras mi madre,
mi todo,
y te fuiste sin un adiós.
Mientras necesité de ti
para decirme
que todo estaría mejor.

Necesitaba de tu amor,
de tu compañía,
de tus abrazos.

Pero en vez de eso, tuve que aprender
a simplemente conformarme
con el silencio frío de mi dolor…
entre paredes frías, sin absolución.

19

No puedo recordar
porque me dejaste así.
¿Qué fue lo que hice,
para que te alejaras de mí?
Tantas veces incluso pensé…
que no valía la pena vivir.
Si mi propia madre me había dejado,
¿quién querría la carga
que ella había abandonado?

Queriendo encontrar el perdón…
¡hoy me siento roto por dentro!
Me encuentro lleno de resentimiento,
y te odio por eso.
Espero que al decirte *te perdono*
nos ayude a continuar…
a comenzar de nuevo
para poder iniciar una vida de alegrías.

Ya no soy aquel escuincle
que dejaste herido tiempo atrás.
¡Soy quien escribe esto para ti…
Diciendo: '*gracias, mamá*'!
Gracias por la vida que me diste sin planear,
he aprendido a ser yo,
a ser fuerte… para conseguir mi felicidad.
Ahora tengo razones de más,
para superar el pasado sin mirar atrás…

— LO QUE NO LOGRO ESCRIBIR

Perdí en una noche lluviosa
las ganas de amar
y ahogué mi razón
sin dudar…
Perdí hasta lo que nunca tuve,
queriendo olvidar…
¡Y me entregué
a la muerte sin renegar!

Pecados consumidos en mis ganas de morir,
perfórenme la vida y destruyan mi sentir.
Pecados impuros ya no me obliguen a vivir;
sólo sufro y sólo pago lo que no logro escribir.

¡Al tiempo amargo quiero asesinar,
destruirlo por completo— hasta verlo que se va!
Quiero dormir y ya no despertar,
atrapado en mis desdenes, de infinita soledad...

No soy más que ese poeta loco
que quiere dormir;
quiero apagar la luz de mis ojos
y no volverlos a abrir.

He vivido tanto en tan poco
que no tengo razón por seguir...
Se me han marchitado las ganas de continuar así...

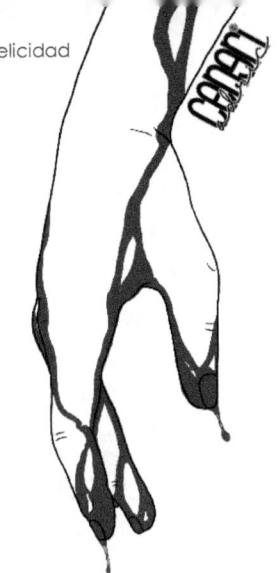

He perdido toda mi alma
luchando en la oscuridad.
He perdido la esperanza
en mis dudas de cambiar.
¡Camino cansado de una vida que no pedí jamás!
Y moriré disgustado,
por no haber sido capaz...

Por haber permitido que mis pecados
dominaran mi existir,
por haber escapado
y, como todo un cobarde, huir.
Por no haber sido más fuerte y luchar por ser feliz.
Por haber sido tan débil,
al dejar mi sangre fluir...

El tiempo eterno
envenenó mi razonar.
Me corrompió el alma
sin remedio absoluto de regresar.

Ya no quiero vivir
siendo el que soy cada despertar.
Vivo atrapado en mis miedos
que crecen cada vez más.

No soy ni la sombra de lo que era,
y estoy listo para partir.
Quiero completamente desaparecer...
y no volver a resurgir.
He vivido tanto en tan poco
que solo tengo dolor,
odio y sufrimiento
que me hacen sufrir.

¡Se me ha terminado
el deseo de vivir,
una vida que no pedí!

— AL VACÍO

Desesperado voy corriendo de ti,
alejándome de todo
en lo que un día creí.

Me condenaste,
con tu ego, a no vivir,
atrapado entre el miedo
hacia tu regir.

Despojaste mi alma
y me arrojaste al vacío.
Me llenaste de odio,
me remataste con tu frío.
¡No me queda más
que este corazón marchito,
y el recuerdo de tus besos
que ya no son míos!

Mi orgullo se ha liberado de ti,
hoy que he decidido
no seguir contigo.
He comprendido
que solo sabes herir,
que jamás entendiste
el valor de mi cariño…

Hoy que me voy de tu presencia,
mi voz va susurrando
que jamás tuve tu amor…
¡Y en el viento, cada experiencia,
cada instante pequeño
que me llenó de dolor!

Hoy que me marcho
de tu estribo,
soy yo quien grita en voz alta
y llora de dolor.
Soy yo quien te maldice
mil veces,
y deseándote la muerte
te regalo mi rencor.

Entre mis dientes hay palabras
que no quiero ni decir.
Tengo el alma lastimada,
tengo tanto dolor que no quiere partir.

Desesperado voy huyendo de ti,
ansioso por crear un futuro feliz.
¡Me condenaste
a vivir bajo tu yugo
y hoy te condeno yo a ti:
a un futuro nuestro vacío,
a vivir de los recuerdos que te di!
A recordar esos momentos
que no volverás a vivir…

29

— LIBRE

Por años enteros he caminado
ausente de mí mismo.
¡Buscando ese algo
que quizás jamás ha existido!
Tengo miedo,
tengo que admitirlo.
Temor a perder mis sentidos,
pavor a convertirme
en la oscuridad de mi olvido.
¡Aquel que atrapé,
y se me escapa enfurecido!

Estoy cansado de las mentiras…
creadas por mis motivos.
Mis mentiras me traicionan,
estoy perdiendo mi camino.
La paciencia me abandona,
dejándome solo y ahora que más la necesito.
¡Se marcha entre miedos…
asustada por mi oscuridad interna
que pesa cada vez más con cada latido!

Ni si quiera yo
podría culpar su terror escondido.
¡Yo!
Que estoy perdiendo los atributos,
que me hacían ser distinto.

La oscuridad de mi alma
se apodera de mis sentidos;
y no hay suficiente espacio…
para ambos sobrevivir el conflicto.

Estoy perdiendo la fuerza
y él se librará de su martirio.
¡Estoy preparado para mi final…
listo para arder en el frío!
He esperado el apocalipsis
en la luz que le robé al alivio.
Y merezco lo que viene,
sé muy bien mis pecados cometidos.

Yo, que fui
una de sus creaciones,
le engañé y le robé su destino.
Él viene por su venganza;
después de años enteros en el abismo.
Él, a quien le robé la vida,
y voluntad por mi egoísmo.

Pero creció fuerte,
y no perdonará mis disculpas sin sentido.
Me destruirá completamente,
por haberlo partido.
¡Me merezco la destrucción
y él necesita saciar su odio encendido!

De algún modo tengo miedo...
a perecer sin dejar esto escrito.
¡Sin decir cuánto lo siento,
por haber hecho lo inaudito!
Sé que nunca podrá creer
en mis motivos...
Pero fui yo... quien nos salvó a los dos
de nosotros mismos...

Me tiene cansado el odio,
que muy dentro llevo escondido.
¡No sé cómo soltarlo,
y tampoco puedo resistir el delirio!
Por tanto tiempo lo atrapé,
en las paredes de mis pecados furtivos,
tanto tiempo preocupado...
Y en mi final,
soy yo, quien se libera del martirio...

— INSATISFECHO POR DENTRO

No es por ti
que yo soy así.
¡Es por mi vida hueca
y mis años baldíos!
De veras que soy muy feliz al tenerte conmigo,
pero sigo sin entender…
¿por qué sigo incompleto y vacío?

¿Por qué es que, al obtener lo que quiero,
ya no me es suficiente
y disfruto menos?
¿Por qué es que cada vez
que más obtengo,
ya no me interesa
y prefiero perderlo?

Siento estar obligado a elegir...
entre nosotros y mis metas.
Siento que estoy acorralado,
y no logro encontrar la puerta.
Solo soy estando contigo,
y sin ti estoy muy perdido.
Comprendo que tengo que cambiar,
para evitar el castigo.

Créeme que comprendo que hay cosas que hacer,
pero el tiempo enemigo, no me quiere entender.
Sé muy bien que no me gusta estar solo;
la soledad me obliga a recordar
mi dolorosa infancia.
Créeme que quiero olvidar,
quiero borrarlo todo.
Quiero huir lejos de mi pasado,
de cualquier modo.

Mi rebelde corazón
quiere obtener de vuelta su libertad.
Pelea fuerte contra mi lógica,
la parte sabia de mi razonar.
¡Mis pensamientos y sentimientos son un caos total!

¡Estoy insatisfecho por dentro,
pero no comprendo por qué,
si estás conmigo a mi diestro!

Estoy tan vacío
y creo no poder ser llenado jamás,
y sé muy bien que la culpa es de mi debilidad.

Puedo sentir las grietas
de mi corazón roto.
Puedo ver que no sé nada
de tu mundo sin rostro.
Pero heriría mi alma...
al intentar abandonarte.
¡Solo soy un niño,
quien sin ti ya no es nadie!

¡Me apartaré de ti...
al instante!
Te voy a dar lo que ocupas
para satisfacer tus deseos fugaces.
Me voy a dar lo que quiero
para sentirme admirado, querido e importante.
Voy a darnos el tiempo
para poder ser mejor que este fuego consumante.

Perdóname si no soy él,
quien hace tiempo te acompañó en tu vida...
¡Ese no soy yo!
No.
No que yo recuerde.
Perdóname por decirte esto así;
pero es mejor que sepas que no te mentí.
Debes entender;
que adoro estar contigo,
que disfruto de todo cuando estás tú conmigo,
incluso disfruto de los pleitos absurdos.
¡Y quiero que sepas que sigo aquí contigo,
que no voy a cruzar esa puerta...
si tú no vienes conmigo!

— UN VANO PORVENIR

Cobarde me voy,
cobarde al huir.
Me duele el alma
me siento morir.
Sin mis muecas se ha muerto mi voz...
no puedo reír.
¡Muerta mi suerte,
en este silencio me voy a dormir!

Para mi suerte condenada
hoy solo soy un infeliz.

¡Cortarme las venas!
¡No!
Eso no me ayuda a subsistir.
Me canso en las palabras,
me ha cansado este escribir.

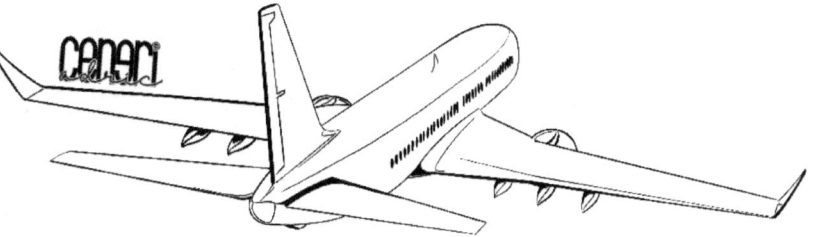

Soy solo el fracaso del siglo...
la sobra
de un vano porvenir.

Se me han secado los luceros,
se ha congelado mi sentir...
¡No quiero sentir ya nada!

¡Dios, aléjame de aquí!

¡Ah, y por favor no lo olvides!...

Diles que estoy de viaje;
¡que fui a Paris!
Diles que no sabes la fecha de mi regreso,
en caso de que pregunten por mí...

— MITOMANIA

¡Analizando la vida mía… logro ver solo mentiras!
Mi alma muere perdida,
consumida en lamentos de mi vanidad…

¡La culpa en mi corazón… me palpita,
por esta adicción inaudita e irracional!
Estos engaños me comen la vida,
y a estas alturas ya no quiero parar.

Hoy soy capaz de vender mi mitomanía…
al que mejor postor la pueda pagar.
¡Mis psicóticos pensamientos suicidas,
me empujan…
y a mi delirio quiero acabar,
junto con mi tortura mortal!

Mis palabras
van acompañadas de mentiras.
Son el escudo de mi miedo a la verdad.
¡Son mis años en miedo
disfrazados de ironías,
queriendo ocultar…
lo que me rehúso a asimilar!

Quiero viajar…
en las historias más perdidas.
Y ahogar mi coraje,
para poder descansar.

Llevo en el alma toneladas de ira,
Que, con tanta amargura…
me voy a envenenar.

¡Quiero servirme
del dolor que me mutila,
y con un vino de cianuro
a mi mente relajar!

¡Quiero perderme
en un abismo siniestro de neblina,
en donde pueda estar
a oscuras con la soledad!

¡Quiero acabar
con esta maldita agonía,
y en el mismísimo infierno
de mi mente borrar…
hasta la última de mis mentiras
y poder recobrar,
mi amor propio para dejar de llorar!

Con un último trago de arsénico
voy a eliminarme enseguida.
Y cuando mi cuerpo se duerma
ya no volveré jamás.
Será ahí cuando por fin pierda esta vida,
esta sofocante tortura
de mi cuerpo mortal.

En donde pueda atreverme
a ser la mano asesina,
para que mi corazón se duerma
y deje de palpitar.
Quiero acabar
con esta amargura intranquila,
quiero destruir el sabor
de mi fragilidad…

Hoy
me arrojo
del precipicio
de mis fantasías,
ahora que mi veneno
me condena
a lo irreal...

¡Ahora ya no quedan
palabras con rimas...
y me voy hacia el olvido,
de donde no he de regresar!

— METANOIA

Esta vez
a mi corazón
voy a dejar que muera herido.
¡Voy a dejar que mi razón le gane
al sentimiento sufrido!

Y es que ya me cansé
del dolor
que me ha provocado
el amor.
Y con mi metanoia llena de traición
voy a disecar mi corazón.

¡Mis sentimientos yo traicionaré,
para lograr
ser quien siempre he querido,
y mi futuro crearé
de lo que le robe a mi destino!

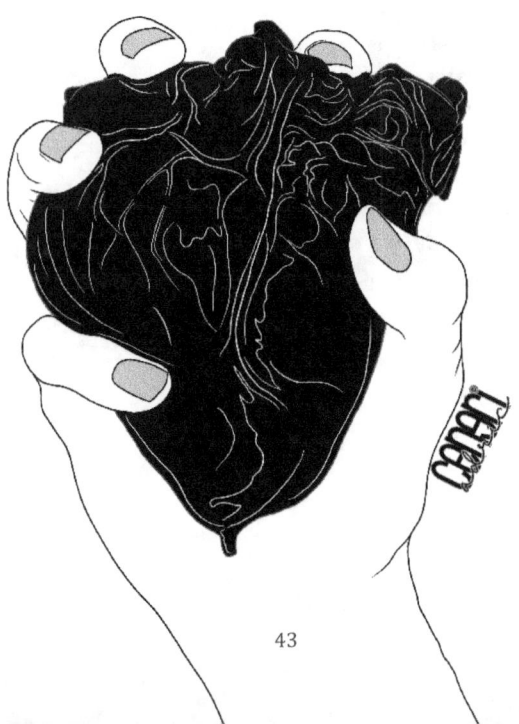

Voy a desaparecer cada marca en mí
y en otro yo me voy a convertir.
Voy a ser solo yo sin remordimientos,
y no volveré a sufrir por mis sentimientos.

No dejaré que nadie jamás
me vuelva a robar mis sueños.
¡No permitiré que nadie entre en mi vida
sin antes pagar un alto precio!

Difícilmente volveré a creer;
años pasaran antes de confiar otra vez.
Porque vivo eternamente arrepentido,
y soy capaz de liberar mi furia al destino.
No le daré oportunidad al fracaso,
no dejaré que me siga los pasos...
Y dejaré que muera,
ahogado con mis dudas,
al ocaso...

Voy a liberar a mi mente
con cada copa llena de veneno.
Y voy a viajar hasta el infierno,
para permutar a mis sueños,
para obtener el destino que quiero.

¡Ya no me concierne la verdad,
porque hoy la mentira...
es mi más grande fortuna!

¡Y una vez más
fornicaré...
con los demonios de Lucifer!

Voy a disipar
cada duda en mí,
y como el ave fénix
voy a resurgir.

No volveré a fracasar
en otro intento,
hoy tengo el poder
de obtener lo que yo quiero.

— ALMA VIEJA

Entre senderos de confusión
que he vivido y compartido...
la eternidad y yo.
¡Juntos hemos sufrido
la condena de inmortalidad!

Hoy ya no hay Dios que quede vivo.
Lo recuerdo.
¡Sí!
Maté a los Dioses del Olimpo.

Dioses celestiales
que lucharon por la gran libertad.
Sus hijos mortales
hoy son acto de atrocidad.

Quiero borrar de mi cabeza
estos horribles recuerdos.
Quiero por fin morir
y disipar a mi miseria
en un incendio.

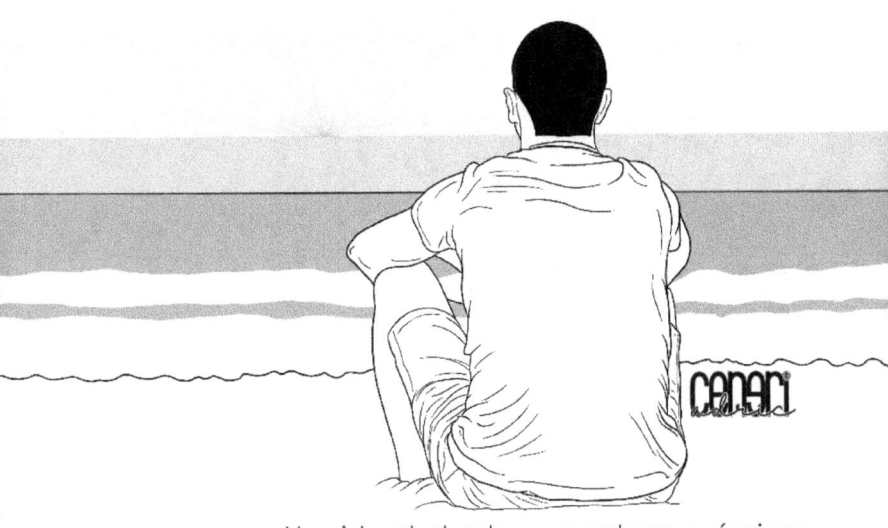

He visto al atardecer perderse a sí mismo
en la orilla del mar.
Cada noche, sintiendo ese peso
que sofoca mi paz.

De lo dicho y hecho
me quedan solo
las declaraciones de culpabilidad.
Por eso, y por mucho más,
quiero desaparecer completamente.
¡No existir más!

¡Demasiado solitarios están los cielos!
Demasiadas son las oraciones y los ruegos.
¡Los humanos siguen pidiendo
misericordia al Señor!
Y soy el único que queda,
quien quiere ignorar su dolor.

Simplemente estoy cansado
del egoísmo humano.
¡No soy más que un alma vieja...
de un siglo pagano!
Viviendo el tiempo eterno,
acumulando calvarios.

Ya no puedo evitar...
el pecado entre la mortalidad.
Pero yo no soy quien va a cambiar
el pasado de la historia.

Yo soy el que desaparecerá
hasta que logre tener algo claro.
¡Cuando recupere el control
y a este mundo yo pueda salvarlo!

— DE MADRUGADA

¡Así!
Como en esta bella madrugada,
cuando no es de noche nublada
y cuando el día no alumbra con su llama.

En un amanecer entre azul y naranja,
en ese bello momento cuando es alborada.
¡Cuando la soledad y el miedo me atrapan!

Será entonces ahí cuando pierda mi alma,
cuando le entregue a Lucifer todo
hasta perecer en la nada.
¡Hasta sentir como la vida me muestra la espalda,
hasta sentir como mi vida,
de poco a poco, se apaga!

Será entonces ahí,
cuando recuerde mis aventuras mundanas.
Todos aquellos momentos
de lujuria y de pasión aferrada...

Las mil y una noches,
sobre miles de distintas almohadas,
Las mil y una historias
de amantes con quienes
compartí su cama...

Será entonces ahí
cuando recuerde todas aquellas palabras,
todos esos consejos que ignoré,
y dejé que se escaparan...

Los mil y un errores cometidos
con mi actitud desobligada,
los mil y un reproches que ignoraré
con mi conciencia perforada...

Así como hoy,
en plena madrugada;
cuando el silencio se adueña de las palabras,
cuando la paz
ya no es más que un cuento de hadas.

En ese amanecer donde abandoné la esperanza,
donde cambié mi amor por pasión aferrada,
ese instante en que me alejé
de la que ayer fue mi morada...

Será entonces ahí
cuando no pueda perdonarme lo ocurrido,
cuando comprenda que mi querer
fue mi propio castigo,
y entienda
que jamás podré
curar mi orgullo herido.

Jamás podré olvidar
lo que ayer tú y yo fuimos.

Será entonces ahí
cuando vea que me lo tengo merecido,
que jamás debí
creer en tus mentiras,
que hoy me muestran un abismo.
Las palabras de tu boca
que me arrojan al vacío,
la sentencia de la vida
que me atrapa en el olvido.

Será entonces ahí
cuando camine por el mundo sin motivos,
cuando pierda de mí hasta el aire
que me mantiene vivo,
cuando vea las mil y una traiciones
que me aventaron al abismo,
y cuando sienta
que fui yo el culpable
por no haber sido yo mismo...

¡Así ha de ser como he de morir!
Cuando se me apague la llama,
cuando mis mil y una tristezas
y mis incontables fracasos
condenen mi alma.

Así ha de ser
como he de dormir eternamente
para olvidar tu mirada,
después de morir en esta preciosa madrugada,
después de sentir que mi corazón,
poco a poco, se apaga...

— SOPLO DE MI CORAZÓN

¡Soplo de mi corazón,
por favor, no te lleves mi vida!
¡Resiste un poco más,
no me abandones a la deriva!

Soplo de mi corazón,
tengo miedo de no tener tiempo;
miedo a morir
sin dejar una huella,
miedo a irme lejos…
más allá
de las tinieblas…

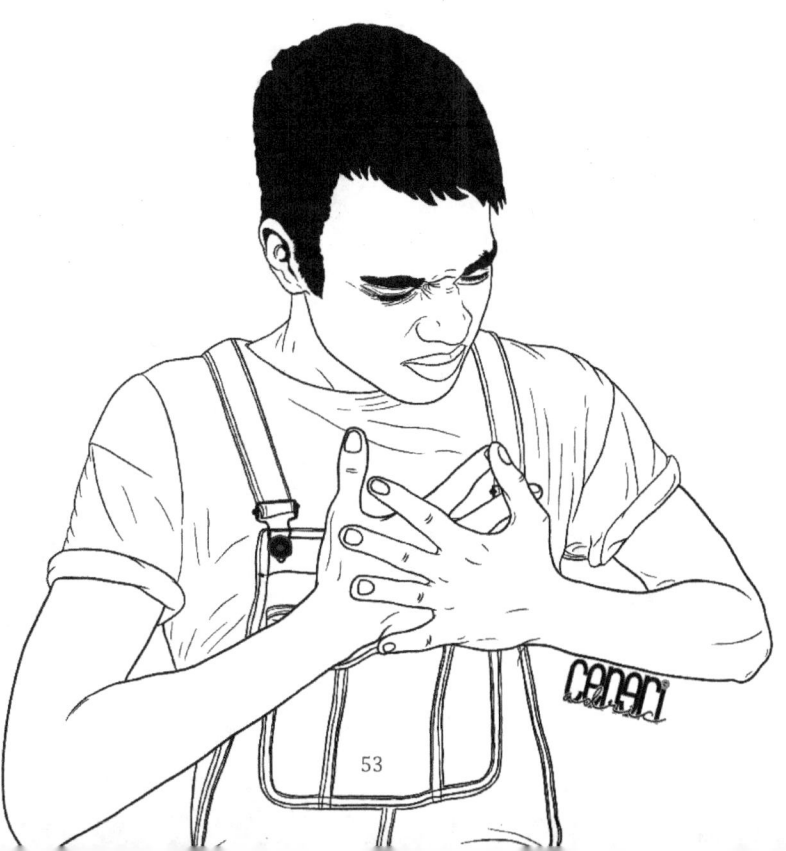

53

Soplo de mi corazón,
mi vida siempre ha sido
un intento baldío.
Siempre traté de olvidar
y de borrar lo ocurrido;
pero, ya es muy tarde…
¡y de esta quizás no salgo vivo!

¡Si siempre fui irreal,
no podré jamás perdonar mi falsedad.
Jamás podría perdonar al tiempo por condenarme,
mucho menos a la muerte
por intentar matarme…

Soplo de mi corazón,
jamás fui
totalmente puro.

Recuerdo que tú y yo
siempre fuimos uno.
Te olvidé…
¡y desapareciste de mi mundo!

Y ahora regresas
más fuerte que nunca,
pensando que matarme
sería una decisión astuta.

Lo único que puedo decirte
es que me rindo este septiembre.
En pleno otoño,
donde junto con las hojas
mi alma se muere.

Soplo de mi corazón,
de ti solo aprendí dolor.
Y quiero pensar
que no fue en vano,
porque
sí que disfruté de mis años.

Soplo de mi corazón,
¡cómo no acordarme de quién eres;
de aquel tiempo del '87
a finales de diciembre!
En esos días en que tú y yo
crecíamos en el mismo vientre.

¿Cuándo fue
que te convertiste en mi enemigo?
¿Por qué ahora vienes a ser
una calamidad y mi castigo?

Soplo de mi corazón,
perdí la fe en mí mismo.
Arráncame la vida,
he perdido la esperanza y mis motivos.

¡Mátame enseguida,
pero por favor hazlo rápido…
que mi sufrimiento me mutila!

— LA VISITA

La dama vestida de negro
siempre me visitó.
¡Desde la nada en cada momento,
siempre apareció!

Desde mi infancia
siempre quiso llevarme
y no lo consiguió.
Y siguió intentándolo
hasta hoy
que finalmente me convenció.

Han pasado tantas cosas desde que nací—hasta hoy,
tantos momentos
de los que aún conservo mi dolor.

Llevo tantas injusticias en el alma
que me llenan de rencor.
Y jamás me olvidé del veneno
de su dulce y fría voz.

Tantas veces logré
escapar de su rincón.
Todas aquellas carreras
que le gané por ser veloz.

¡Siempre atenta queriendo llevarme,
y no lo logró!
¡Siempre insistente;
pero mi lucha por la vida
terminó!

No siento envidia ni coraje
por lo que me tocó.
Solo siento un inmenso vacío
en el fondo de mi corazón.

Hoy puedo decir
que mi voluntad siempre fui yo.
Hoy puedo sonreír de contento
al saber que ya me voy.

La visita de esta dama
solo confirma mi adiós.
Viene seca y fría
entre llanto sin absolución.

La visita de la muerte
no ha sido ni la mejor ni la peor,
pero conmigo me llevo bien presente
una sonrisa con traición.

Me llevo mis errores cometidos
envueltos en dolor,
uno de los tantos
que hasta el suelo me arrojó.

Me llevo mis pecados furtivos
llenos de decepción,
y uno de ellos me obligó
a perder la razón...

Me obligó a no luchar,
como antes lo hice sin temor...

CAPITULO II

DESEOS
Y LUJURIA

— MIS AMORES CLANDESTINOS

En la vida mil amores he tenido;
unos cuantos pasajeros
y otros tantos emotivos.
Pero algunos me enseñaron el dolor
del que aún no logro evitar el ardor.

Cada momento y cada experiencia
hoy forman parte del ser que soy.

He explorado cada parte de mi cuerpo
sin pensar en nada,
solo en el momento,
en la dulce e intensa sensación
de mis deseos insaciables, pidiendo más pasión.

Mil veces mandé al demonio el amor
y me aferré a la lujuria por despecho,
suprimiendo cada sentimiento
que sentía mi corazón.

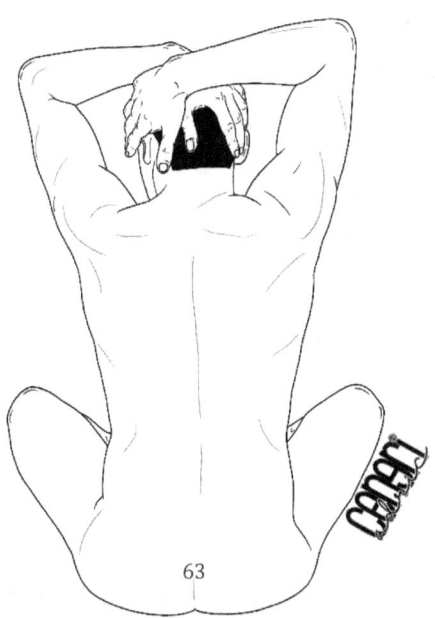

Fue mi dolor y desilusión
lo que me empujó a lo prohibido.
Mi despecho y mi rencor,
el inicio de mis pecados furtivos…
¡Y jugué con mis deseos
hasta perder el camino!

Nunca imaginé llegar a este momento
mucho menos escribir mis sacrilegios.
¡Pero ya no quiero una solución!
La gente siempre juzgará;
es parte de quienes son…

Hoy estoy aceptando mi alma negra.

Quiero ser siempre yo
quien elige borrar los motivos.
Quiero ser siempre yo
el que decida tomar lo prohibido;
quien no se arrepienta de ser,
ni, aunque muera en el olvido.

¿Y si me duele?
¡Que me duela!
Yo insisto.

Porque la vida no es perfecta;
muy cierto,
forzosamente lo he aprendido…

He violado tantas leyes del destino,
tantos han sido mis amores clandestinos…
que hoy me bebo otra copa a mi favor.

— NO ME ENAMORO POR NADA

Solo envuélveme en tus brazos
y no digas nada.
No necesito explicaciones
esta noche que estoy en tu cama.

¡No! ¡Por favor!

Sé bien que me iré al llegar el alba.
¡Solo hazme tuyo,
solo esta vez y sin palabras!

Estoy muy ebrio,
y la noche ya casi se acaba.
Tú y yo en la oscuridad,
devorándonos la piel.

Tal vez solo somos
lo que queremos olvidar,
pero mañana
de nada me voy a acordar.

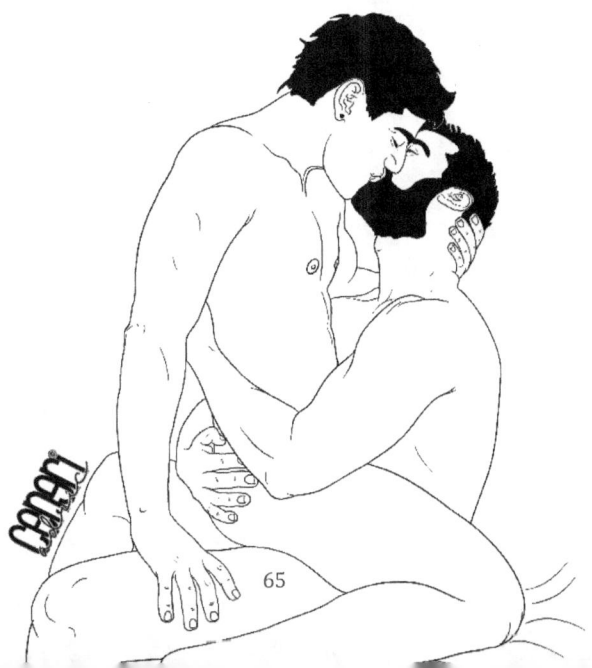

¡No me digas que me amas, por favor!

Solo demuéstrame
que me deseas con ganas.

Porque en los brazos de alguien más
estaré mañana.
¡Sabes bien que yo
no me enamoro por nada!

Desvistámonos
y disfrutemos nuestros cuerpos.
¡Así es!

Sé bien que en mi soledad
mañana lloraré,
pero esta noche tus besos
en mis labios disfrutaré.
Tus manos en mi cuerpo
y tus ojos, lujuriosamente mirándome…

Déjame matar tus emociones absurdas,
déjame borrar de tu mente todas las dudas.
Y déjame respirar esta noche
en tu garganta profunda.
¡Tus manos recorriendo mi piel
mientras tus fuertes gemidos se escuchan!

¡No me prometas nada!
¡Estoy bien!

Solo sigue haciendo lo que haces…
¡No te detengas!

Y todo lo que pueda decir
son solo mentiras…
¡Porque yo no me enamoro por nada,
pero eso tú ya lo sabías!

— TÓMAME LA VIDA

No me abandones de esta manera
tan destructiva.
No me dejes con la mano estirada
pidiendo que la recibas.

¡Te amo tanto,
como ya no se ama en estos días!

¡No te apartes de mí!
¡No me abandones, mi vida!

Hoy que comprendo
que te amo tanto,
pero tanto,
que no podría imaginar
mi cuerpo sin tus caricias…

¿Cómo imaginarme
sin tus besos que me apasionan,
sin tus hermosos ojos que me ilusionan?

Cuando al hacer el amor
conocemos la adrenalina…

Cuando aprietas con tu boca
mis labios con fuerza,
cuando tu lengua envenena
por completo mi saliva!

Irresistibles tus dedos
que recorren mi cuerpo
con abundantes caricias.

Inconfundibles tus manos,
apretándome con pasión obsesiva.
¡Hacen que sienta
eso que me encanta
y que también me lastima!

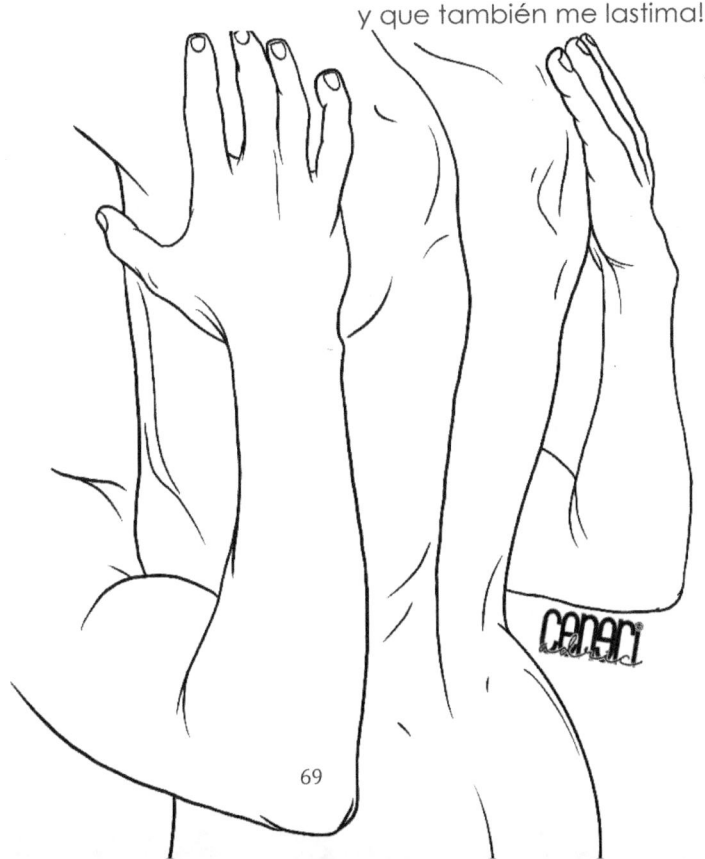

Este amor borracho, idiota,
tan sonso que no mira…
No ve, ni quiere saber,
que se le escapa la vida.

Y tu elocuencia
que me revela el deseo de tus pupilas…

Cuando acaparo tus ardientes besos
logro ver tu versión,
esa imagen masculina.

Veo en ti esa obsesión,
la razón por la que mi alma moriría…

Sin tus labios dulces y fugaces
que me cobijan,
que me envuelven en un éxtasis
de pasión continua…

Sin tus locuras y tu amarga sensatez,
que me conquistan.

¡Que me mantienen preso,
como el arte al artista!

¿No vez
que tú y yo somos uno solo?
¡Mírame!
Observa lo profundo de mis ojos…

Porque no escuchas que te amo
no me abandones con el corazón roto.

¡Óyeme y escúchame!
El tiempo se marcha,
el tiempo es corto…

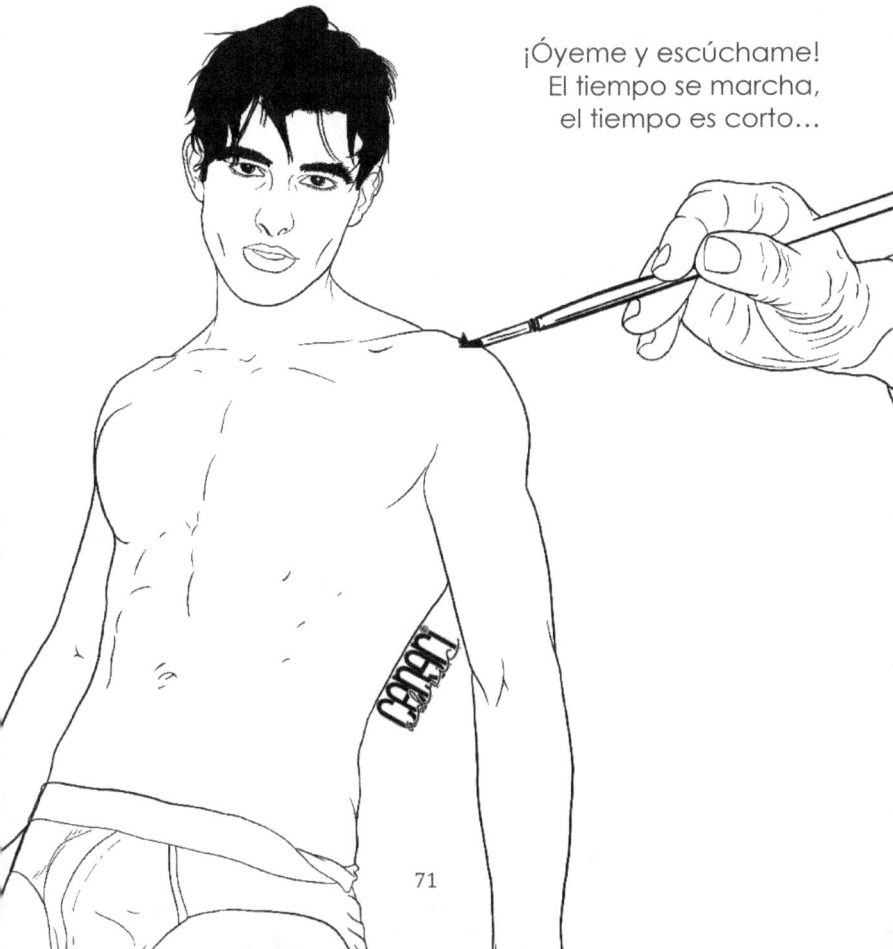

71

¡Tómame la vida!
Pero, por Dios no me abandones.
Llévame contigo a donde quieras,
pero no me decepciones.

No me dejes aquí,
implorando tenerte esta última noche…

Por favor quédate,
que si te vas hoy…
mañana quizá
no te lo perdone.

— INFIEL

Sí, vuélvete y acaríciame la piel.
Quiero fundirme, perderme en ti.
¡Sin ti, mi vida, la vida mía no es vivir!

Y aunque me digas que esto está mal,
sé bien que volverás…
y esperaré el momento para amar.

Verás, nuestras parejas no tienen que enterarse.
No conviene que conozcan la verdad;
solo sufrirían
y nos reprocharían más.

Si tú no sabes del por qué,
hoy te disfruto más que ayer,
¡no pienses! Y fundámonos la piel…
¡hoy que estoy contigo en este hotel!

Escribo sobre amores no permitidos,
de problemas intensos
que provocan suicidios,
de pasiones prohibidas
que nacen de deseos reprimidos,
y de la *calle indecencia*
donde aprendí a engañar.

Escribo sobre amores prohibidos,
quienes declaran su amor a lo retorcido,
que ganan la gloria
engañando al vecino,
y juntos se devoran
en una unión infernal.

¡Tú,
mi perfecto dibujo pasional!

¡Y yo,
tu mejor arte a la hora de amar!
Cuando nos comemos los labios
hasta desgastar…

Por eso y más…
devuélveme el amor sin mentiras esta vez,
ese que me robaste ayer
y lo escondiste dentro de tus ojos miel.

Escribo sobre amores enemigos,
sobre consecuencias que a veces no medimos,
cuando vivimos la vida
y no nos importa lo prometido,
lo que juramos de frente
ante aquel altar.

Cambié mi amor por un soñar,
perdí la vida sin pelear.
Se la entregué al peor amigo,
a ese mal nacido,
a mi miedo, que me guía
desde hace tiempo atrás.

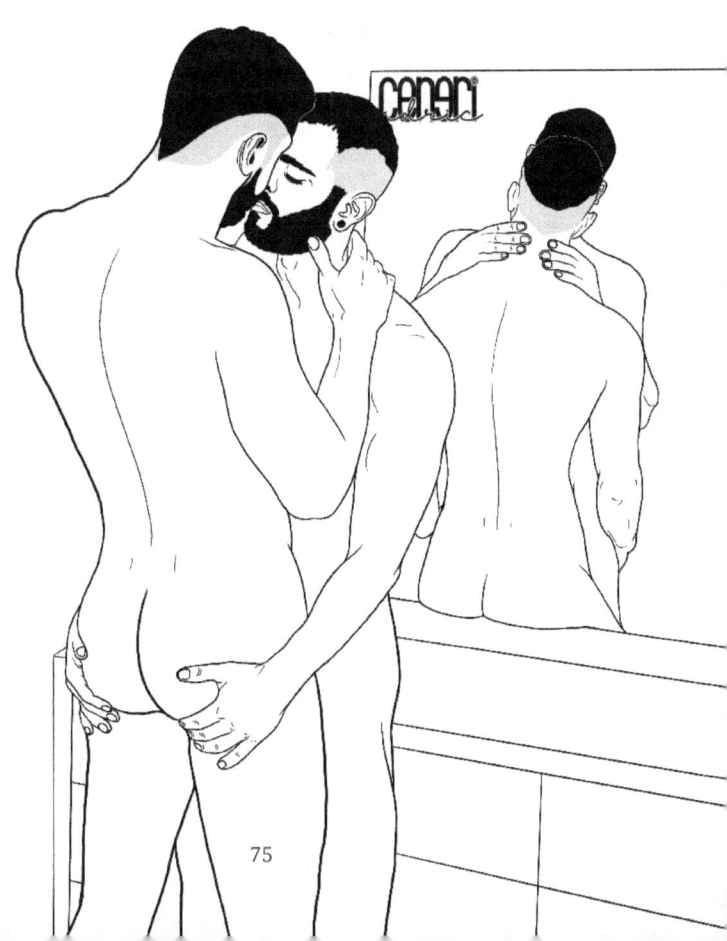

Escribo sobre amores vividos,
que mataron de poco
al sentimiento escondido,
que jugaron con los sentimientos
de quien los quiso,
y lo perdieron todo al final.

Escribo de amores vacíos,
que solo observan el agua de un río,
ese que carga
sus lágrimas sin alivio,
y les susurra que ya es muy tarde
para poderlo enmendar.

— DESNUDO

Sensación que me controlas
como un muñeco a tu merced.
¡Me encuentro ahora desnudo
bajo las manos de tu sed!

Mis pupilas se clavan en cada trazo de tu piel,
mientras mi tacto te abraza
para llenarte de placer...

¡Acosado de tus labios que me saben a miel,
me incitas a cada instante
con tu preciosa desnudez!

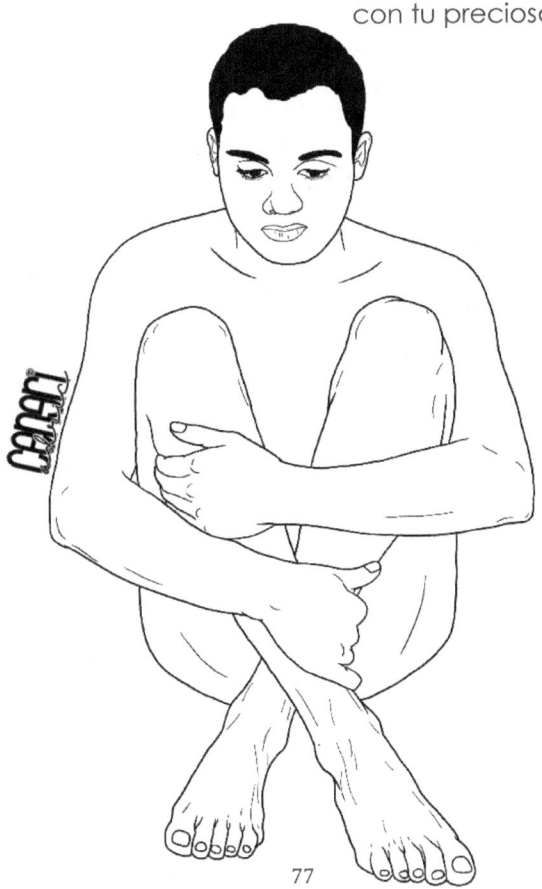

77

Coqueto margen manchado…
¿por qué eres tan cruel?
Completamente desnudo, siempre me dejas
bajo el encanto de tu ser.

¡Me muestras lo que no imaginé!
Y cuando mi cuerpo se encuentra gastado,
te alejas de mi lado para gozar en otra piel.

Desnudo me encuentro.
Ante ti, desnudo siempre estoy.
¡Es inevitable resistirme,
mi cuerpo me exige tu pasión!

¡Provocación profana que controlas todo mi ser,
siempre me doblegas a cumplir con mi deber!

Esta pasión carnal
me ha mostrado lo que jamás pude ver…
Sentimientos y emociones
que jamás pensé conocer…

Acosado entre tus brazos…
gozo de tus besos de miel.
¡Cada vez que te siento tan dentro
que somos una misma piel!

¡Coqueto margen manchado
ya no me tortures esta vez!
Desnudo hoy seré tu flagelo de encanto,
el masoquista que se rinde ante tu placer.
Hoy voy a ahogarme despacio
mientras respiro tus besos
que sacian mi sed.

Desnudo me encuentro,
esperando a que descubras quién soy.
Sé que tus manos me buscarán
y esperaré a que me encuentren
para matar mi pudor.
Desnudo he estado y sigo estando por vos,
bajo el yugo de tus manos
que me dan satisfacción.
¡Desnudo vivo y viviré bajo tus brazos,
bajo el calor despojado del amor y la traición!

— PASIÓN

En la carátula de tus pupilas se esconde,
se encuentra esa pasión que me provoca.

Sobre tu espalda, tu piel canela,
invitándome a pecar…
¡seduciéndome con los besos de tu boca!

Mirando tus jeans azules…
percudidos y rotos,
que muestran poco.
¡Y alucino con lo que no ven mis ojos!

Me acerco a ti…
y juegas a ser ese alguien desconocido.

Juegas a ser él,
quien desconoce el sabor de mis labios.
¡Si ayer,
en la pasión nos fundíamos…
y me gritabas… *te amo*!

Mi pasión animal
se aferra al olor de tu piel sabrosa.

Me adueño de tu cuerpo
y te arrojo fuertemente
contra la grava arenosa.
¡Mis brazos te mantienen preso
me excita la idea
de tomarte por la boca!

Devorar esos labios carnosos y rosados,
hasta no resistir más
y quitarte el resto de tu ropa.

Tocar tu piel desnuda
y sentir como te motivan mis manos.
¡Ver como disfrutas
cuando te visto de mis besos!
Cuando recorro mis labios
por tu cuello delgado…

¡Por más que quieras,
no podrás deshacerte de mí!
¡No podrás olvidar a mis manos, que te tocan así!
¡Sí! ¡Así! ¡No tiene caso! No…
no se termina mi deseo por ti…

¡No te niegues esto,
que nuestro pecado es bello, es grande!
Que no importa si somos dos humanos
devorándonos la carne…

No me apartes
de este sentimiento que arde,
de la sensación de nuestras caricias
que me obligan a desearte…

Que me ahogo de tus fuertes abrazos
que me estrujan.
Que no quiero liberarme de tus besos
que me endulzan.
Y que aprendo
poco a poco, de este sexo,
de esta cuna,
lo que nadie jamás
me hizo sentir nunca…

— UNA MAÑANA EN COLIMA

Aquella mañana a tu lado
me sentí inmensamente feliz.

Al despertar
bajo tus fuertes brazos,
me olvidé del mundo
y me entregué a ti.

Me entregué a tu extraña imagen
de romance y placer,
a esos labios maltratados,
sin pudor,
sin sensatez.

Has dejado plasmado tu retrato,
se quedó grabado en mi mente absurda,
se quedó suspendido en mi reflexión vana.

Recordar tu mirada,
sobre aquella cómoda almohada.
Imaginar tus labios gastados, coherentes,
encendidos de placer
y de fuego a la vez.

Tus apasionadas manos
que siguen invitándome a volver,
a revivir, a desear…

Tu no me quieres
ni me olvidas…
Pero tus llamados al pecado
son casi imposibles de rechazar.

La lujuria de nuestros cuerpos desnudos
me dejaron más perdido que nunca;
me perdí en la pasión,
en aquel lecho ardiente de carne.

Saciado de amor injusto,
de pasión masoquista,
pero con fruto…

De nosotros,
de la locura,
y de tu desnudo.

CAPITULO III

CONDENACIÓN

— CAMINO SOLO

Hice lo imposible una vez,
ya hace tanto tiempo…
y por cada decisión que tomé,
pagué un precio inmenso.

Estoy seguro de que todo lo hice incorrecto;
dejé a mi corazón arder
y no evité mi propio sepelio.
El dolor de mi corazón lo sufrí
y morí sin saberlo.

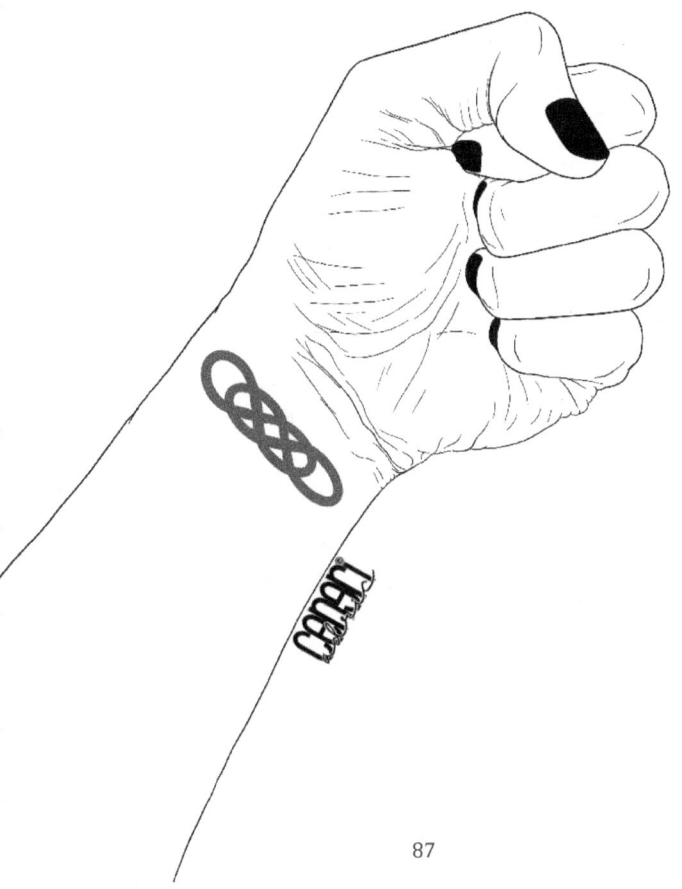

Fui borrado de la faz de la tierra sin aviso,
destinado a morir,
pero renací en el alba de nuevo inicio.

Me vi al borde de mi venganza,
confundido y lleno de rabia contra mi alma.
Pero, ¿quién soy yo
para dar justicia
sin ofrecer calma?

Estoy seguro de que soy fuerte,
pero no comprendo
lo que el futuro depara
¿Por qué no mori
y mi alma sigue encadenada?

¿Por qué me fue entregada
el alma del fénix?

¿Cómo se supone que debo controlar
mis miedos y mis esperanzas?

No hay respuestas
para tantas preguntas que no acaban.

Veo la paradoja de mi voluntad
y no puedo encontrar la manera de poder evitar
fingir que nada sucede
y creer que ya he fallecido.

No creo en el cielo ni en el Señor,
estoy condenado a liderar mi propio control.
¡Pero ya no estoy tan seguro de quién soy yo!

Las emociones son mi caos
y estoy a punto de arrancarme el corazón,
a punto de darle la espalda
a lo que una vez mi alma más amó.

Recuerdo—
que la vida nunca me descuidó,
pero todo cambió
y yo también para evitar el dolor.

Camino solo por este viejo y polvoriento camino.
Alejándome de todo lo que he conocido.

— MI VIEJO AMOR

¿Cómo fue que no pude ver la verdad?
Me estabas dejando y yo, tan necio, no lo vi.
Nunca pensé que fueras tan frío y cruel,
y ahora pago mi condena con lágrimas,
gracias a ti...

Y aunque ahora mismo esté derrotado,
comprende que volveré a ponerme de pie.
¡Siempre existen segundas oportunidades,
y esperaré aquí para empezar otra vez!

Uno de estos días encontraré un amor sincero,
alguien con quien compartir mi universo.
Uno de estos días lo sabré con certeza,
cuando frente a mí se encuentre a quien tanto esperé.

Estoy seguro de algo: no te olvidaré.
Siempre serás parte de mí, de alguna manera.
Pero encontraré a alguien mejor de lo que tú eras,
alguien dispuesto a quedarse a mi diestra.

Duele saber que te di más de lo que pude,
y no me valoraste;
solo fui entretenimiento para ti.

Traicioné mi amor propio por aferrarme a tus desprecios.
Todo para hacerte feliz,
y, aun así, nada fue suficiente para ti...

Hay rumores...
la gente dice que te quedaste solo,
que la soledad se instaló en tu vida,
y ya nadie te visita.

Todo lo que hacemos en la vida
tiene consecuencias,
y es triste que tu castigo sea este.

Mi viejo amor, siempre te recordaré,
pero no puedo mirar atrás.
No soy quien dejaste;
cambié de mil maneras.

Mi viejo amor,
espero que sepas encontrar la puerta.
Sé que no morirás,
no tengo dudas,
pero atravesarás tu tormenta.

Ojalá no desperdicies
tu próxima oportunidad;
podría ser la última—
ten cuidado al actuar.

Mi viejo amor,
ya viviste esta tempestad
y pagaste tus errores
a un costo sin comparar.
No cometas el mismo error otra vez;
la próxima…
quizá no la logres librar.

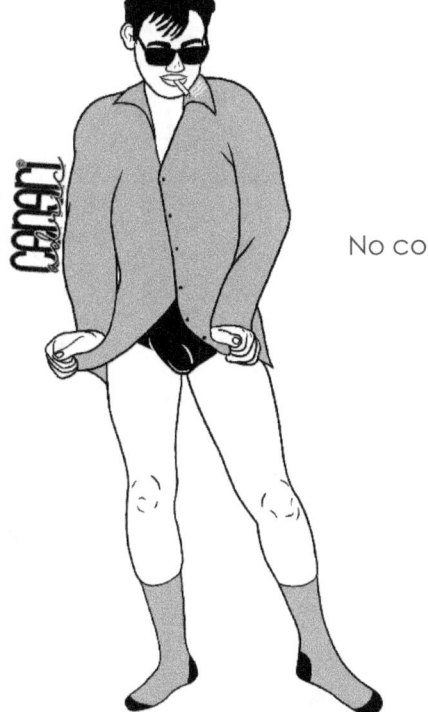

— ROTO

Me he encerrado
lejos de tu alcance.
¡Donde ya no vale la pena ni odiarte!

Borra tu sonrisa — entiende que no ganaste;
fui yo quien te destrozó en un instante.

Un pedazo de hielo es lo que siempre serás,
roto ahora, como has elegido estar.
¡Tanto he perdido contigo,
en verdad!

Pero soy más fuerte,
de lo que te podrás imaginar...

Me enseñaste bien
cómo volverme más fuerte,
como arrancarme de frente
mis propios anhelos.
Así que partí nuestro futuro para siempre,
porque nunca estuvimos destinados a ser eternos;
no nos tocaba estar juntos,
aunque ese fuera nuestro sueño.

Pagué un precio
que me dejó un vacío indecente.
Ahora veo errores múltiples, deprimentes.
Pero tú fuiste egoísta,
y me ignoraste por completo;
mataste paciencia y mis sueños
hasta enfermarlos de muerte.

No cambiaría nada de lo ocurrido:
me diste mil razones para dejarte
y ninguna
para quedarme contigo.

Ahora eres tú quien tiene nada que decir,
y sabes bien que te duele más a ti.
¡Fallaste,
y el corazón te lo despedacé yo a ti!

Ahora sé que siempre tuve elección,
que fui el único con poder de decisión.
¡Me equivoqué al creer en ti;
cometí un gran error!

Intenté darte
un paraíso lleno de amor.
Lo intenté todo,
pero tu corazón ya estaba roto.
Y ahora estás en un lugar,
mucho peor...

Estás donde estas por tu actitud,
y sonrío al saber que no cargarás mi cruz.
Hasta luego — *querido Leo,*
ya no te temo,
porque una vez más caíste hasta el suelo,
y esta vez
miré a tu frío corazón romperse, compañero.

— YO TE AMÉ

¡Yo te amé—
te amé mientras duró!
Te di mi amor,
te di mi corazón,
y aunque nunca me amaste
de la misma manera…
siempre traté
de ser para ti lo mejor.

Fui lo que siempre deseaste,
y me convertí en un trofeo que ganaste.
Una pieza de colección
para inflar tu ego grande.
Otra almohada en tu cama
que pudiera abrazarte…

95

Incluso si quisiera amarte otra vez,
no podría amar sin querer.
Te di una oportunidad,
y no la aprovechaste.
Te amé todo este tiempo…
pero hoy solo siento un vacío muy grande.

Me siento confundido, porque
eras todo lo que siempre deseé.
Hoy estoy seguro
de que me equivoqué.

Con todo mi corazón
te escribo esta carta de despedida.
Con el tiempo sanarán
las heridas profundas de mi vida.

Solo espero que encuentres,
en tu soledad, el valor
y la fuerza para que un día puedas ser,
en la vida, alguien mejor.

— YA NO TE AMO

Por todo lo que hicimos mal,
solo puedo decirte: *mi amor se ha esfumado.*
Por todas las veces
que solo pensamos en nosotros mismos,
solo puedo decirte:
ya no estoy enamorado.

Si tan solo lo hubiera previsto…
si tú hubieras cuidado de nuestro amor,
hoy estas líneas serían distintas;
podría haber sido un poema de amor.

Las circunstancias nunca fueron, ni son, fáciles,
pero siempre supimos empeorar cada situación.

A todo lo que dije,
agregaste tu ruido…
y a todo lo que dijiste,
yo nunca presté atención…

Ni siquiera nos quisimos de verdad;
mi corazón estaba confundido y eligió mal.
Nunca tuvimos nada en común,
y tu actitud obstinada
terminó por asfixiarme.

No debí permitir que todo llegara tan lejos…
debí terminar contigo en ese momento
para evitar esta guerra.

Ahora solo me queda el rencor.
Tú me detestas.
Y te odio por todo lo que hiciste.

Y como no queda mucho por decir,
lo diré claramente: *ya no estoy enamorado de ti.*
No hay dudas,
no hay marcha atrás.

Adiós, x.
Y que Dios se apiade de ti.

— EL AYER NO TIENE ALIVIO

Quisiera saber cómo no recordar el pasado
en el que te conocí.
¡Todos mis sacrificios mal pagados,
y los recuerdos
de tus mil errores!

Es mucho el tiempo transcurrido,
y me incomoda esta idea de odiarte así...

Hoy que ya es tan tarde
solo quiero olvidarte…

¡Frío!
Me helaste el corazón
con las palabras gélidas de tu voz…
¡y el ayer no tiene alivio!

¡Quizás!
Hoy me has condenado,
pero volveré a amar…

Hoy he cerrado este capítulo,
sin valor,
y con dolor…

Me hundo, acobardado,
cuando miro de frente la verdad…

¡Me mentí!
Quise creer en una ilusión,
y sin quererlo ahora estoy….
perdiéndome en la soledad.

¡Te mentí!
Y ni por un segundo me arrepentí…
¡No!

¡El amor que por ti sentí,
tú mismo lo agotaste al final…
y, sin más pena,
ya te he despojado de mí.

Esta sensación que me congela,
me condena,
y vuelve a herirme …

Son esos recuerdos que hoy me atrapan,
al descubrir que no me amaste…
¡y yo a ti, sí!

Sin ti voy a ser feliz,
solo, en mis propias alegrías…
voy a empezar de cero,
a recobrar mi vida.

Mi soledad,
mi amargura,
y mi estrés…
los que bajo tu yugo escondí,
te los regalo.

¡Dios sabe…
que no cargaré
con lo que no me va a servir.

Y a la tenacidad de mi alma,
la he golpeado con fuerza…
para que no vuelva
a complicar mi destino.

¡Así es…
hoy perdí!
Pero la vida se encargará de ti…
y recuerda:
el ayer no tiene alivio

— Y VAN A PASAR MUCHOS AÑOS

Fueron tantos
los perdones entregados…
¡Tantos los errores tuyos
que me hicieron daño!

Duele tanto hoy
no estar a tu lado…
¡Pero duele más recordar
las mentiras en tus labios!

Fue tu egoísmo
un cruel calvario,
y, aun así
siempre preferí quedarme a tu lado…

¿Cómo pudiste destrozar
el amor en tan solo dos años?
Sé bien que lo dejaste morir,
murió entre tus engaños…

¡Y van a pasar muchos años…
años enteros,
para que vuelva a sentir!

Has disecado mi corazón
entre engaños…
¡Lo has condenado
a ya no latir!

Y voy a procesar todo el daño…
que me voy a fortalecer
y crecer sin ti.

Hoy quiero creer
que no fue en vano,
que valió la pena
el haber sufrido así…

¡Y mañana…
ni en mi alma quedarás guardado!
Hoy comprendo
que fui demasiado para ti…

Sé bien que tu ego está hecho pedazos,
y es porque nunca valoraste lo que te di.

Estoy seguro que el futuro
te hará sentir el fracaso,
cuando la soledad se apodere de ti...

Cuando te envuelva
en sus fríos brazos,
y quieras recuperar
un poco de lo mucho que te di...

Sabrás también
que una y mil veces te perdoné...
y seguías fallándome
hasta que me cansé.

Te perdoné una y mil veces,
pero tus traiciones...
jamás las olvidé.

CAPÍTULO IV

POESÍA ABSOLUTA

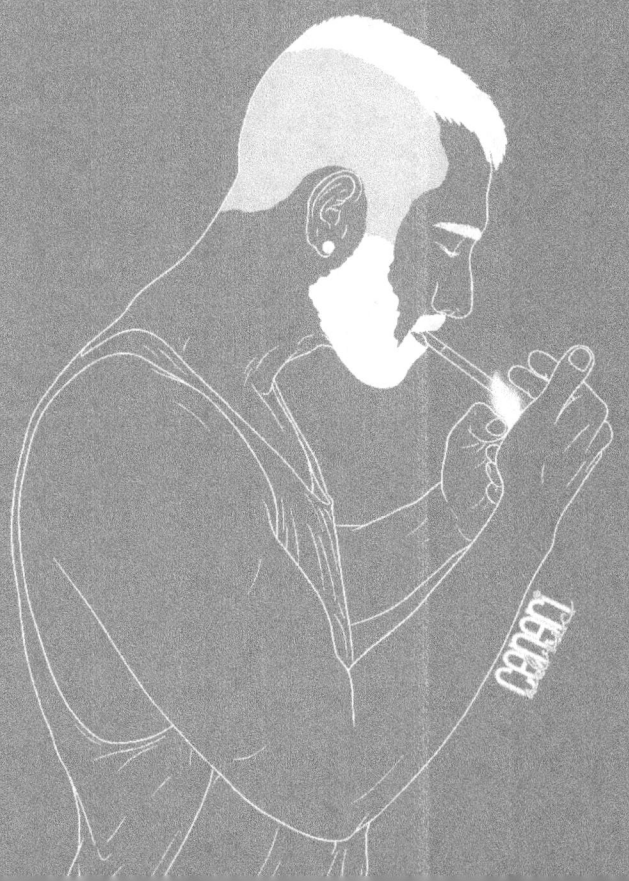

— QUE LES PASA

Mi vida es distinta…
atrapado y libre entre mis rimas,
a veces cansado de perder…
y otras veces con ganas de vencer.

En mi alma hay penas que contaminan,
lamentos que me desaniman.
Cubro mis ojos para no ver,
porque la gente suele ser cruel…

¡Que mi familia,
la socicdad y sus leyes
planearon mi vida
antes de yo nacer!

¡¿Qué les pasa?!
Yo no pedí ser parte de sus alianzas.
Esta sociedad vive justificando sus fallas.
Viven en un sistema corrupto
que asfixia, que mata…
en donde los sueños se mueren
devorados por la falsedad…

Los tiempos cambian,
pero no todas las mentes avanzan.
Hay quienes se estancan
en leyes cargadas de crueldad...

La vida es un obsequio.
¡Al amor no hay que entenderlo!
Hay que vivirlo en su momento.

Hay que amar sin miedo,
hacer a un lado los contextos,
y ser felices con lo que tenemos.

La felicidad no la da el dinero.
Lo que diga la vecina o usted...
¡sus opiniones no me van a detener!

¡¿Qué les pasa?!
No tienen derecho a amenazar.
¡No valen nada!

Nunca podrán cortarme las alas;
aunque me den la espalda,
nunca dejaré de ser original.

Y aunque mil veces me caiga,
mil veces me levantaré…

Aún con mi alma presa,
tengo un futuro,
tengo porvenir.

Jamás dudaré de mi felicidad.
He sido fuerte
y seguiré hasta el final.
¡Lo que digan no vale nada para mí!

En la distancia
nunca podrán robarme la esperanza.
Desde que conozco la calma,
ella habita mi alma…

Mi mente no cambia;
solo se marchan mis pensamientos negativos.
El drama se va,
mi paz interior crece sin límites…

¡La vida es el intento de la felicidad!

— MIENTRAS NO DEJE DE CREER

Otro año más se abre en el porvenir,
mucho que aprender,
que enseñar,
y también que dejar ir…

¡Cada vez que veo las opciones
arrodilladas ante mí,
estoy seguro de aquello en lo que siempre creí!

Con el tiempo muchas cosas aprendí.
Hoy comprendí
que soy quien elige su destino;
por eso dejo atrás lo que no me sirve,
para convertirme en la mejor versión de mí.

La ambición de la vida debilitó mi sentir,
pero no me rendiré ni permitiré caer.
Soy más fuerte de lo que un día creí;
sé que puedo lograrlo todo si así lo decido.

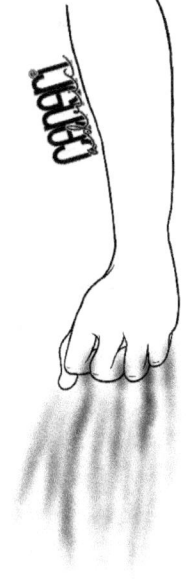

Se acerca el final del invierno,
prometiendo renacer en marzo y abril...

Durante mucho tiempo esperé
recuperar mis sueños,
creí poder dominar por completo
mi voluntad.

Hoy tengo otra oportunidad
para ser quien deseo ser.

Para quedarme enamorado
o aprender a ser libre de ti;
siempre supe el precio de encajar en el mundo,
pero ya no dejo
que las emociones decidan por mí.

Así como amo,
puedo destruir lo que ya no me sirve.
La oscuridad le mostró a mis ojos
lo que antes no pude ver:
lo que ahora comprendo al verte llorar,
al reconocer qué tan real fuiste para mí.

Por eso, mientras no deje de creer,
nunca volveré a ser quien fui una vez...

Debo convertirme
en mi propia oscuridad,
para equilibrar la mente
y dejar de sufrir.

— RENDICIÓN

Una vez me sentí perdido,
pero absurdamente libre.
Al mirar atrás,
mis miedos me recorren la piel
y se me eriza el cuerpo.

Aterrorizado,
cerré los ojos sin volver a abrirlos.
Me perdí,
bailé con el diablo
hasta caer,
desdichado,
descolgado del tiempo.

Pensé en mi sombra,
en mis mil cicatrices,
y esa voz en la cabeza susurró:
ya es hora…
déjala partir.

Pero regresé a la oscuridad absoluta,
como si mi destino estuviera escrito
sin pedirme permiso.

La vida fracturó mi alma,
derrumbó mi mundo.
Aprendí a sostener el dolor
hasta que el dolor me sostuvo a mí.
Mi herida se volvió odio,
y yo…
su anfitrión.

Ante el Diablo pedí perdón
y entregué mi alma sin condiciones.

Siempre fui
hijo de la luna gris.
Viví las noches más oscuras en ti,
amándote.

Supe entonces
que serías solo memoria.
Nada promete eternidad,
ni hoy
ni en cien primaveras más.

Herido, quise venganza.
Quise que el mundo doliera como yo dolía.
Busqué cura para mi miseria,
para mi agonía.

Ardí en el fuego de mis tragedias
y dejé que todo me consumiera…
hasta morir.

Creí que el sufrimiento terminaría,
pero renací.
Y no fue alivio.

Por dentro
me sentí más fuerte,
pero vacío.
Me hice juez,
derramé sangre y condena.
No me detuvo nada.
No quedaba amor.

La amargura llenó mi alma.
Estaba perdido.
La vida me deformó:
me hicieron así,
no nací así.

Y morí solo,
sin hallar
lo que perdí.

En la oscuridad extravié mi alma.
La locura me habitaba.
El odio
era mi voz.

— UN SUEÑO ROTO

Solo quiero sobrevivir al ayer,
volver a creer,
saber que aún existe la esperanza.

Quiero hallar la salida,
atreverme a confiar otra vez.
Disolver esta ira,
liberarme de él.

Mis emociones se fueron apagando.
Perdí la inocencia
al caer en sus redes.
Me volví objeto,
juguete obediente,
y dudé para siempre
de merecer la felicidad.

Él cometió un crimen,
y mi corazón quedó más roto.
Me dañó por dentro,
y hoy su recuerdo
me genera un conflicto
y desprecio hacia él.

La sociedad me negó refugio,
pero él apareció con consuelo.
Sé que corrompió mis sueños,
y nadie,
nadie me preguntó
si estaba bien.

Fue en esa cama
donde vi partir mi inocencia.
Entre palabras dulces
busqué abrigo en su cuerpo.
Me enamoré de la miseria
que su pedofilia me hizo sentir.

Solo quería un techo,
y cubrió mi piel de caricias y besos.
Sin amor, sin amparo,
me atrapó en su anzuelo.
Sin padres,
caí rendido.

Hoy, frente al espejo,
¡Quiera o no,
él me ha marcado!

Pero pagará lo que me hizo.
Un día sanaré esta herida,
y el pasado
será solo
un sueño roto.

Tal vez lo odie siempre,
pero seguiré intentando soltar el ayer.

Aunque los años pinten canas en mi pelo,
ese recuerdo persiste.
Duele saber
que no se borra.

Mi alma duele al entender
que mi corazón fue quebrado.
Que no todo se repara.
Que mi historia quedó marcada por él.

Pude culpar a muchos,
pero el daño ya existe.
Mi infancia fue un infierno,
tengo cicatrices tatuadas en la piel.
Y hoy lo comprendo:
en su infancia también abusaron de él.

Pero no hay excusas.
No hay absolución.
Él fue el pedófilo
que me robó la niñez.

— TODO ESTE VENENO

Lo que más deseo es darte este poema a leer
y saber si en tu alma existió por mí
aunque fuera un rastro de afecto, una chispa de fe.

Sin saberlo fuiste mi pesadilla,
tú sembraste mi padecer.
Acumulé tanto odio
que hoy no sé
qué hacer con el.

Todo este veneno nació de lo que permitieron:
la ignorancia,
el desprecio del pueblo.
Tuve que ser fuerte,
luchar contra prejuicios ajenos.

Cuestioné a Dios por haberme hecho así.
Solo quería ser aceptado por ser quien era,
y me arrojaron al lodo.

Los prejuicios lograron marchitarme,
y yo solo fui el niño
que perdió la fe.

Y aunque los años pasen,
siempre cargaré este duelo.
Siempre seré ese pequeño
al que ejecutaron frente a tus ojos
y no supiste ver.

Necesito calma para comprender mi existir,
cómo fue que no pudiste,
cómo no viste lo que viví.

He intentado entender la miseria
en el frío de lo que me tocó sufrir.
Aún duelen los golpes,
aún guardo cicatrices en mí.

Me arrastré por el suelo,
me arrodillé ante el miedo,
pero siempre sobreviví al destino.

En el alma llevo mil pecados
que mi propio infierno ha reunido,
y mi alma cansada
ya no quiere seguir.

Un día superaré lo que me hiere,
y el pasado será solo un sueño roto.
Quizá te odie toda la vida,
pero seguiré intentando soltar el ayer.

Aunque los años me regalen
canas blancas en el pelo,
seguiré siendo ese nieto,
el niño marcado hasta el exceso.

Estos recuerdos que aún me persiguen
son el tormento
que alimenta mi odio.
Y aunque el pasado no pueda enmendarse,
cada día intento
entender el porqué.

Sería fácil culparte,
pero eso no sana ni consuela.

En mi alma quedó un vacío inmenso,
nada lo llena,
nada sacia su sed.

Porque yo solo fui el nieto,
el niño que se rompió por completo,
hasta no poder más.
Y aun así hice siempre lo que querías,
fui el niño que lo perdió todo
y a ti nunca te importó mi dolor.

— ESPEJO RETROVISOR

Me muestras el reverso de este mundo,
voluble y seco como el sentimiento bruto.
Estoy cansado de pecar sin hallar luto,
lleno de ira por un pasado absurdo.

¿Perdonar?
¿Me pides perdonar,
cuando a mí no me perdonó ninguno?

Paciente me voy,
lento, cargando un orgullo consumido.
Entre tu voz hostigada
y tu llanto quebrado —lleno de disgustos—
me has roto la vida
sin remedio absoluto.

¿Y tú?
Reflejo…
¿Me lo pides a mí?
Por Dios, no te olvidaré.
He de recordarte
para regalarte tu final.

Las ansias cansadas de mi proceder,
las llagas marcadas por tu maldito poder
no son más que la causa
de tu obligado querer.

Reflejo clandestino que conoces mi verdad,
tú,
que sabes lo que escondo al esperar.
Tú,
que conoces lo que sufro por quedarme atrás.

Reflejo clandestino que caminas sin mirar,
disipa mi vida y termina esta tortura mortal.
Soy tan voluble que me cuesta pensar.

Espejo retrovisor,
me muestras la puerta y te vas.
Soy un cobarde,
un trazo incompleto, sediento de fe.
Soy un engaño,
la mancha oscura de mi desnudez.
Soy ese anciano
encerrado en un corazón sin fe.

— ÁMAME ASÍ

Una vez bebí mis dolorosas lágrimas,
estaba herido y no encontré alivio...
tenía frío...
Asustado y espantado cerré los ojos y no los abrí.
Me perdí y bailé la danza del diablo hasta caer,
y la culpa fue mía...

No juzgues mi oscuridad ni mis cicatrices.
Siento el dolor de mi propio corazón,
la culpa de mi propia mente...

No eres nadie
para juzgar quién soy.
Y eso es todo lo que necesitas saber.
No se puede deshacer
lo que ya está hecho.
Si me quieres...
ámame así.
No me cambies.
Ámame así.

Créeme...
no puedes cambiarlo,
no puedes borrarlo...

Y disfruto poder estar aquí contigo,
aprendiendo un amor tan colorido.
Esa es la verdad.

Tú y yo tenemos una química inevitable.
Admiro tus fantasías irrevocables,
infinitamente deseables.
Estás destinado a ser un capítulo de mi historia.

Déjame amarte
como si fuera tu fantasía,
como si fuera tu gloria.
Como si amaras sin reservas,
dándolo todo,
lo que tengas, mi amor,
tan fervientemente.

129

— SU VIDA PASA

No quiso seguir así...
el tormento lo hería.
El pasado y sus hechos
ni el tiempo los curaría...

Siempre logró continuar
con sus mil y un defectos.
Pero sus rezos absurdos
ni Dios escuchó en el silencio...

Sus penas, tristes y amargas,
lo obligaban a sufrir.
Y sus ganas de vivir sonriendo
poco a poco se apagaron así...

Y su vida colapsó,
haciéndole perder la esperanza.

El odio cambió el plan.
Intentó borrar
hasta su propio nombre...
Quiso fingir no sentir el dolor
y terminó doliéndole el doble.

Fue entonces cuando murió
su bondad en un instante...
al encontrar en su herida la fuerza
para seguir adelante.

Su alma...
a veces serena,
a veces cansada,
otras veces desconcertada.

Su alma...
en un mundo vacío y cruel,
que le entregó un futuro
que jamás esperaba...

Y entonces decidió:
no volver a ser frágil
como aquel chiquillo,
y hacer de la noche
el hogar que lo protege
de sus penas.

El lugar que lo sostiene…
y ahora que es adulto,
ya no un niño,
sigue roto cada noche.
Se expone ante su propio juicio,
inventando mil excusas
para permitirse llorar…

Así,
su vida pasa…
el tiempo corre veloz
y nunca alcanza.
Se escapan
esas lágrimas saladas…
Su alma se quebró
al comprender
que nadie escapa.

Ni con todo el valor…
el destino siempre te alcanza,
siempre te atrapa….

— **MIS ESCRITOS**

Quiero contarte bien lo que pasó,
ese pasado que hacia ti me encaminó…
esos sucesos
que me hicieron ser quien soy.

Aún siento el vacío dentro de mi corazón:
un eco mudo cargado de ira
y de dolor.
Solo Dios sabe
lo que ocurrió.

Ya no quiero darte excusas
desde el frío de mi dolor.
Quiero calma
para compartirla los dos,
y decirte que no eres tú,
ni soy yo.

No quiero más tristezas
opacando nuestro amor.
No más lágrimas saladas
delatando mi temor.

Solo quiero una vida
llena de paz
y de amor.

Aún no sabes quién soy,
pero estoy listo para mostrarte mi libreto,
para permitirte caminar
los capítulos que he vivido,
para enseñarte el daño
que cargo en mi alma azul.

Por eso estoy tan agradecido:
tu amor me da la fuerza
para seguir con valor.
Sin ese pasado,
este presente sería otro,
y no el que hoy soy.

En mis escritos quedaron
mis huellas sobre el papel.
En esa cama me robaron
la inocencia y la niñez;
soy ese libro
que destrozaron sin leer.

Me cambiaron los capítulos
sin yo querer.
Me grabaron las tragedias
en la piel.
Abusaron más de la cuenta
y aun así sigo de pie,
luchando contra un destino infiel.

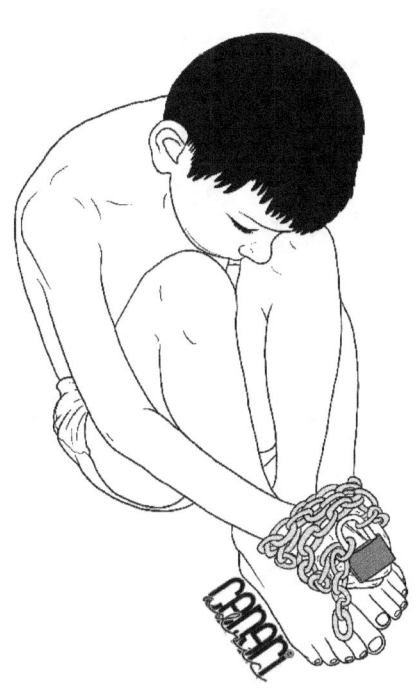

Ya no quiero
noches eternas
ni pesadillas de terror.

Hoy, a tu lado,
le doy gracias a Dios.
Al pasado le entrego
todo mi rencor.

Eres tú
a quien he elegido
para compartir mi vida y mi amor,
alguien capaz de aceptarme
tal como soy.

Mis tristezas
solo las controlo yo.
Espero escuches mi voz
y comprendas lo que digo:
para conocerme de verdad
necesitas entender mi dolor.

No intentes arreglar
lo que no tiene solución.
Ámame
tal como estoy.

Quiero que sepas
lo agradecido que estoy:
tu amor me da la fuerza
para avanzar con valor.
Pero entiende:
sin ese pasado,
este presente no existiría.

Lo que lees
es lo que soy.
Y tú eres a quien elegí,
a quien decidí llamar esposo
hasta el final de los dos.

Tú derretiste mi frío,
derrumbaste mis muros
con tu amor.
Me hiciste vulnerable,
y aun así me sostuviste
cuando el dolor habló.

La vida unió nuestros caminos,
nos invitó a crear
un amor infinito.

No juzgues mis miedos:
son solo reflejos.
Necesito tu mano
para cargar el vacío de mi alma
y seguir viviendo
con lo que soy.

CAPÍTULO V

PERSIGUIENDO LA FELICIDAD

— AQUEL PRÍNCIPE AZUL

¡Fuiste aquel príncipe azul
que me capturó
con una sola mirada!

Y me emocioné tanto
que no dije nada.
En ese instante
descubrí
que algo sentía por ti.

Desde el principio
te fuiste metiendo en mi corazón.
Con tus caricias suaves,
tus besos intensos llenos de ilusión.
Desde el principio me entregué a ti
con toda la emoción,
y el tiempo se me escapaba
al estar juntos los dos.

Recuerdo aquel noviembre cuando te conocí,
aquella tarde del noventa y seis,
cuando siendo solo un niño me enamoré de ti.
Creí todas tus promesas
sin saber nada de ti;
me creíste tuyo…
y fue ahí.

Cuando tuve que alejarme de ti,
cuando mi corazón se quebró sin ti.
Me obligaron a dejarte sin mí,
jamás fue mi intención herirte así.

Pero ya ves, la vida se corrompe
por querer vivir.
Yo era solo un niño
que su destino no pudo elegir.

El invierno regresó
y sin ti,
su frío me mataba.
Mientras por ti solo lloraba,
en ese instante descubrí
que tendría que
vivir sin ti.

Las circunstancias siempre estuvieron
en contra de los dos.
Yo solo fui un huérfano de madre,
y tú me ofreciste tu corazón.

Aquella madrugada de septiembre
del dos mil,
te miré en silencio
sabiendo que me iba de ti.

Creí que era mejor no decir
que iba a partir.
Me sentí cobarde,
pero seguí.

Seguí adelante creyendo
que un día volvería a ti.
Jamás fue mi intención
herirte así.
Yo era solo un niño
que su destino no pudo elegir.

— REMORDIMIENTOS

Aún puedo recordar cómo fue...
yo era demasiado joven para entender,
pero incluso hoy, en mi presente,
los remordimientos quiebran mi ser.

Los recuerdos de nuestro ayer
nunca podré olvidarlos.
Pero el tiempo sigue avanzando,
y yo también debo hacerlo.

Algún día volveré a verte.
Por ahora, me despido hasta entonces...
Tal vez tenías razón,
o quizás fue tu error.

Hoy ya no importa saberlo;
de nada sirve entender lo que ocurrió.
Quizás hoy podría confesar
lo que he callado tantos años.

Pero mejor lo dejamos para después...
te fuiste sin un adiós,
te dejé solo en un rincón.
Me hiciste feliz mientras duró.

Tuve miedo de contarte mi terrible situación,
pánico de confesarte mi amor y mi dolor,
y ahora es demasiado tarde para decírtelo.

Cuando supe lo que había pasado,
me quedé inmóvil, la piel erizada.
¿Cómo perdonarme y olvidar mi error?
Ojalá nunca me hubiera soltado de tus brazos.

La muerte te alcanzó,
y tu ayer se vuelve cada vez más lejano.
El tiempo continúa su marcha,
y yo debo avanzar también.

De ti nunca me despediré.
Sé que un día volveré a verte…
Tal vez en otra vida,
o quizá solo espere,
pacientemente.

— TE LLEVO CONMIGO

Cada vez que duermo,
en mis sueños… ahí estás.
El tiempo ha pasado
y yo aún no te olvido.

Quisiera pensar
que un día volverás,
pero sé muy bien
que este es mi castigo.

De tu partida solo me quedó
el lamento;
fuiste para mí lo más increíble,
lo más bello.
Y hoy que ya no estás conmigo,
te has convertido
en mi recuerdo más preciado.

Nunca te dije mi razón;
perdóname por ocultarte qué pasó.
Te fuiste creyendo que fui un traidor,
pero me alejé de ti
por el bien de los dos.

Hoy, cuando te recuerdo,
sonrío con alivio.
Gracias por alojarme en tus brazos tibios.
Si supieras
que hasta hoy nadie ha podido,
nadie ha logrado borrar
lo que tú y yo vivimos.

Sin más ni más, te llevo conmigo.
Mi más grande amor
es el que tuve contigo.

Si la vida nos diera
otra oportunidad,
si tan solo pudiera decirte
que te amé de verdad...

Que añoro
tus caricias suaves en mi piel,
y que extraño tu mirada profunda,
tus ojos de miel.

Pero, aunque anhele tanto
volver a verte,
hoy solo eres
lo más hermoso de mi ayer.
Y siempre conmigo te he de tener,
intacto,
en mis recuerdos,
como la única forma de tenerte.

Te confieso que te sueño,
y en cada despertar
llega el reproche
y vuelvo a reclamarme.

Sé que soy fuerte,
pero no quiero olvidarte;
ni, aunque quisiera podría.
Lo que tú me diste
nadie me lo dará jamás.
No me quedan dudas:
tú me amaste de verdad.

Hoy comprendo por qué nos conocimos,
entiendo por qué tus besos y los míos.
Y te llevo siempre dentro del pecho;
a través del tiempo,
te llevo conmigo.

El amor es lo más inexplicable del mundo,
pero contigo
fue algo rotundo,
algo que no he vuelto a sentir tan profundo.
Y al darme cuenta de que no estás,
yo solo me derrumbo.

Si tan solo pudiera decirte que te amo…
te daría hasta lo que no tengo
por un poco de ti.
Te daría el alma entera
sí regresaras a mí.

Si tan solo regresaras,
te demostraría cuánto te amo.
Sería feliz
con solo sentir tus abrazos,
volvería a revivir
lo que vivimos en el pasado.
Pero por hoy, solo te llevo conmigo.
Mi más grande amor,
intacto,
es el que tuve contigo.

— LO SIENTO

Lo único que puedo decirte
es que no sé quién eres.
Ten por seguro que, tarde o temprano, me rendiré;
mi amor por ti
es un sacrificio que ya no quiero hacer.

Me empujas, me manipulas,
y estoy a punto de marcharme.
A punto de alejarme
de algo que no puedo tener,
a punto de dejarte ir
junto con mis mentiras.
A punto de huir
como el cobarde que siempre he sido.

Siempre fui un ególatra,
y no he sabido cambiarlo.
Traté de convertirme en alguien...
pero ya ves, fallé.

Me siento prisionero
de mi propia creación.
Culpable por lo que no soy,
por aquello en lo que me convertí,
y por esta conciencia
que se clava sin piedad en mi razón.

Lo único que puedo decirte
es que esto no es lo que quiero.
Quiero algo distinto
a lo que tenemos.
No puedo permitirme
ver mi corazón hecho pedazos.
Sé que no soy perfecto;
el precio de intentarlo
es demasiado alto.

Perdóname por mi confusión,
por quien soy.
He huido de mí mismo
durante demasiado tiempo,
solo para evitar el dolor
y las penas que cargo en la espalda.

Desearía que Dios me dijera
que todo va a estar bien.
Desearía que me sacara
de esta miseria ahora mismo.
He pasado por tanto en la vida...

Y nunca tuve a nadie.
Odio saber
que siempre termino con el corazón roto.
Pero lo que más odio
son las cicatrices que duran para siempre.

Quisiera decirte
que no le temo al dolor,
pero sería solo otra mentira
de tantas que te dije.
Honestamente, no te culpo
por estar cansado;
con los días me acerco más
al barrio de los hastiados.

Con el tiempo,
mi juicio pierde equilibrio;
lo bueno y lo malo chocan.
Y mientras me derrumbo,
lo siento por todo:
por lo que dije
y por lo que nunca supe decir.

Odio no haber encontrado aún
una razón para seguir.

Pero, como el tiempo,
los días, los años y las décadas...
tengo que continuar.

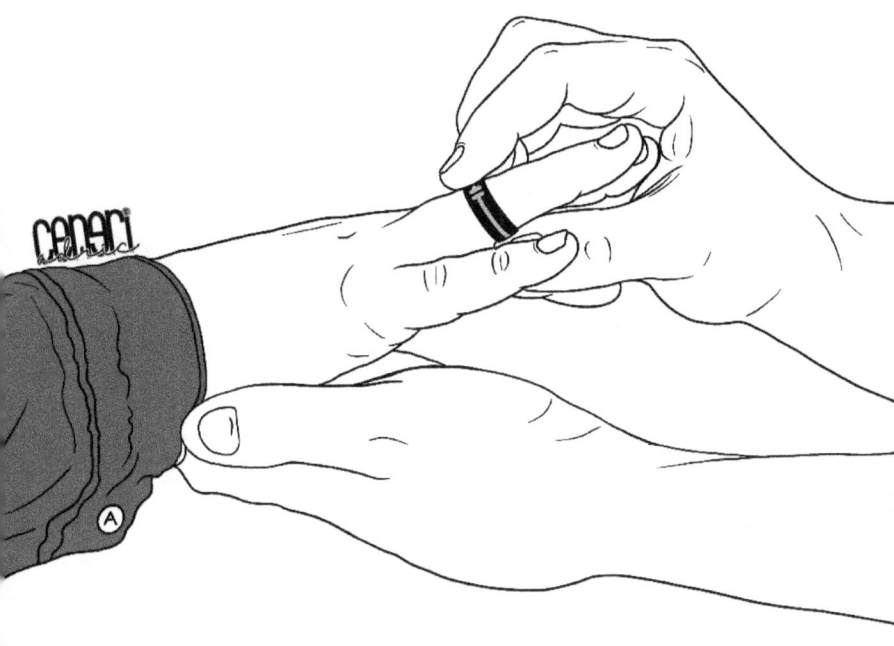

— SI QUISIERAS

Si quisieras,
tendrías todo de mí.
Si lo dijeras,
yo volvería a ser feliz.

Si lo vieras,
yo sabría sonreír.
Si tan solo supieras
cuánto me muero por ti.

La noche es más fría
desde que te dejé partir.
La luna ya no brilla,
y me siento solo
sin saber de ti.

Te espero,
envuelto en anhelos
y promesas vanas
que aún quiero cumplir.

Te espero,
ansioso y paciente,
para que cuando regreses
yo vuelva a vivir.

Seré el deseo húmedo
de tu pasión,
las ganas ardientes
de tu ficción.
Seré refugio
de tu mayor temor,
y te entregaré entero
mi ser y mi amor.

Regresa, belleza,
regresa, por Dios.
Me aferro a tu ausencia,
y te espero
hasta que nazca el sol.

— UNA ILUSIÓN DEL PRESENTE

Hoy te encuentro
mirándome así, con amor.
Y pensar que de mi vida
te había apartado...
pero hoy, al verte sonriente,
le devuelves confianza a mi corazón
para dejarte entrar
sin reservas de amarnos.

Mis pensamientos nublan mi mente,
intentando recordar
nuestras conversaciones profundas.
Mis emociones me inundan los ojos...
y estando en tus brazos,
ya nada me asusta.

155

Quiero sentir
cómo me enciendes el alma.
Quiero dejarte quererme
bajo la luna, con calma,
y viajar entre nuestros besos
hasta que la vida nos atrape
en el inicio del alba.

Quiero poder
jamás decirte adiós.
Quiero que te quedes conmigo
por una eternidad,
porque todos mis sentimientos
ahora son solo tuyos,
y tú me devuelves la felicidad.

Sé que la vida
hoy nos junta
una vez más,
pero deseo, con todo mi ser,
que de mí no te alejes jamás.

Eres mi luz,
mi inspiración,
mi única estrella,
una ilusión del presente
que me completa.
Eres mi alegría,
mi adoración,
mi vida entera,
una ilusión del presente,
mi recompensa.

Hoy, si quieres,
contigo a recorrer el mundo me voy.
Te juro que hasta lo que no tengo
te lo doy.
No me quedan razones
para vivir a la defensiva,
y no hay castigo más cruel
que vivir sin tu amor.

Si tú lo deseas,
llévame hasta donde descansa el sol,
hasta el fondo del océano, sin temor.
Ámame y prometo amarte con devoción,
átame a tu destino
y jamás te dejaré—
nunca te diré adiós.

Mi amor por ti
es profundamente irrevocable.
Hoy comprendo
que quererte es inevitable.
Solo tú conoces mis razones para amarte,
y ni, aunque quisiera podría
ni alejarte… ni amarrarte.

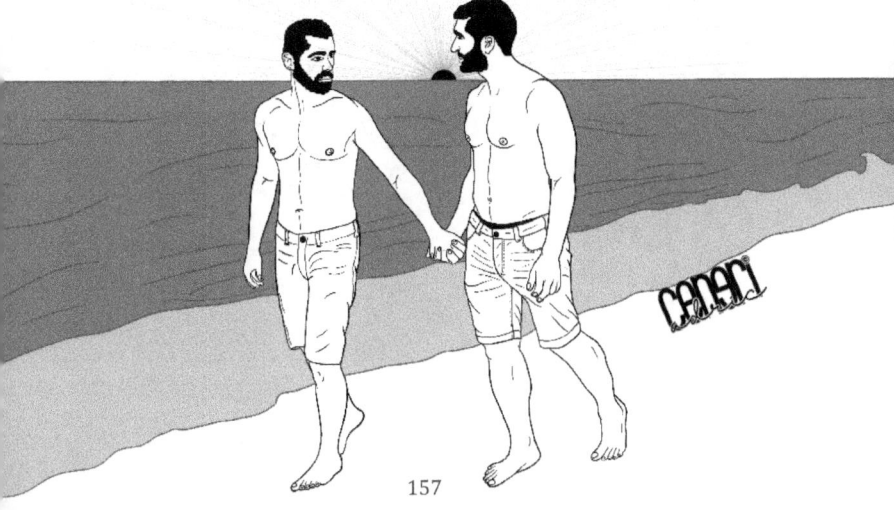

Te deseo hasta doler,
mi sed es insaciable.
Te quiero tanto
que te siento indispensable.
Pero te amo aún más:
no soy capaz de lastimarte,
y prefiero que seas tú
quien elija quedarse a mi lado.

Porque por ti mi vida
cobra sentido una vez más.
Porque gracias a ti
la soledad se va.
Porque por ti
mi corazón vuelve a latir sin cesar…
porque te amo tanto
cada vez que despierto al amar.

— MI SAN VALENTIN PARA TI

Esto es lo que siente mi corazón;
lo desilusionaste sin razón.
Mi única verdad es así:
este es mi San Valentín para ti.

Ya estoy harto de ti,
cansado de esperar
a que un milagro suceda.
Idiota yo,
creyendo que podría cambiar tus ideas.

También soy culpable, lo admito;
sé bien que jamás pregunté nada de ti.
Y sin pedir nada a cambio,
me enamoré de ti.

Sé que me odias por decirte la verdad,
porque no fue de ti de quien me enamoré;
él no era real.
Y mi amor fue asesinado
con el tiempo... por la realidad.

Es difícil, y me aterra admitirlo,
porque no sé si aún siento algo por ti.
Este es el pecado de mis emociones,
y tú eres la razón
por la que me siento así.

Sé bien que con el tiempo
encontraré lo que busco,
pero mientras tanto
quiero estar lejos de ti.

Sé también que te arrepentirás
de haber sido tan bruto,
pero para ese entonces
estaré a kilómetros de ti.
El tiempo te mostrará
lo solitario que serás.
Desde ahora puedo imaginar
lo que llorarás.

Tú elegiste este destino,
y supe entenderlo,
pero ahora pongo el final
a nuestra historia infiel.

— Y QUE ESPERABAS

Ya lo ves,
no soy aquel niño de ayer.
El tiempo me transformó, lo sé,
y jamás volveré
a ser el de antes.

Creí
en el amor que un día sentí.
Pero al mirarme al espejo entendí
que la ilusión me dejó roto
al marcharse.

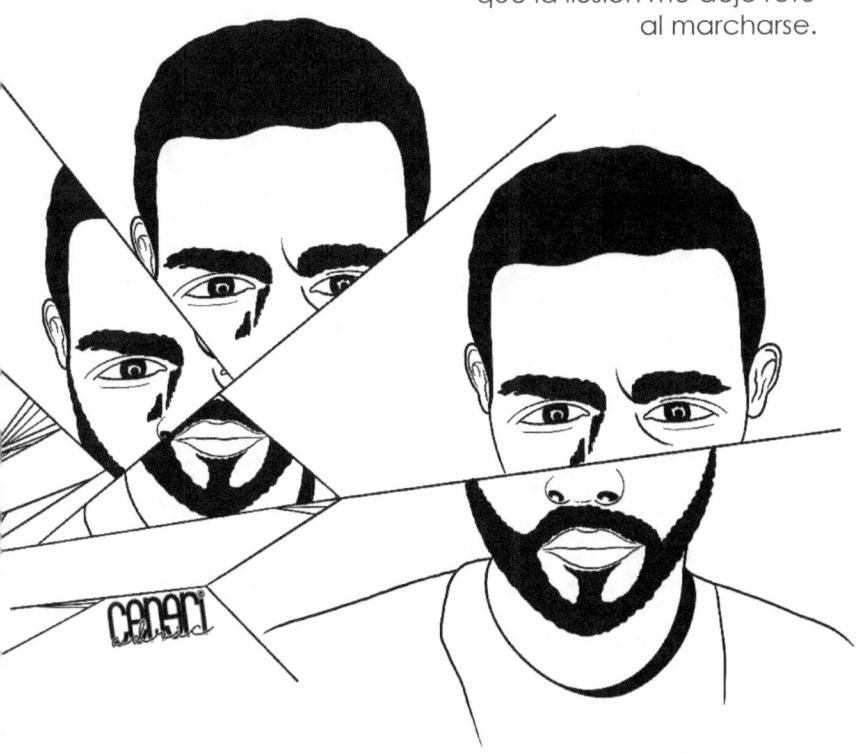

Entonces,
dime tu versión.
Cuéntame qué ocurrió,
sin rodeos, dime qué pasó.

¿Y qué esperabas?
Si se me cansaron los ojos
de buscarte a ti.
Se me congeló el alma
en una espera eterna
que jamás tuvo fin.

¿Y qué esperabas?
Si te llevaste contigo
todo lo que te di.
Y a pesar
de mis noches en llanto,
siempre creí
que volverías por mí.

Fui un idiota
por confiar en el amor.
Fuiste tú
quien rasgó mi ilusión.
Y me quedé
solo, con un vacío en el corazón.

Escúchame:
todo en la vida tiene un final.
Y aunque me duela,
no voy a mentir.
Te quise mucho,
pero ya eres parte de mi pasado.

Cuéntame, por favor,
quiero escuchar
tu absurda versión.
Pero no mientas:
la verdad ya la conozco yo.

¿Y qué esperabas?
Si me dejaste a mi suerte y me perdí.
El frío de tu ausencia
me llenó de dolor y, por años,
incondicionalmente estuve ahí.

¿Y qué esperabas?
Si viví un infierno en tu ausencia.
¿Cómo pretendes
que corra a abrazarte,
si lo único que queda
es rencor contra ti?

Solo yo sé lo que aprendí al caer:
aprendí a quererme más que a amar.
Me dejaste vacío y sin otra opción.
No me arrepiento de mi decisión.

¿Qué esperabas?
Si mi alma entera cayó al suelo.
¿Qué esperabas?
Si me tocó barrerla sin absolución.
No te molestes…
si ahora soy yo
quien te parte en dos.

— EN UN RINCÓN DE MIS RECUERDOS

Hoy solo vives en mis recuerdos,
en mis pensamientos.
Y aunque ya no te tengo,
de ti aún conservo cada sentimiento
que mi corazón insiste en sentir.

Porque la lógica a veces es cobarde,
y al marcharte
me dejaste roto.

Hoy que he alcanzado mis metas
debería sentirme contento,
pero ahora que no estás
me cuesta existir.

No sabes
cuánto pesa esta tristeza,
ahora que no estás conmigo.

Jamás quise romper mis promesas,
y hoy ya es tarde…
tú te has ido.

Quiero sentarme en aquella banca
y pensar que la vida
volverá a reunirnos.
Y en las noches,
al mirar las estrellas,
comprender
que aún me esperas,
esperando a tu niño.

Quisiera robarle al tiempo sus llaves
y regresar a lo vivido.
Quisiera tener el valor de las aves
y alzar vuelo
hasta donde me lleve el destino.

Hoy sé que fuiste la única persona
que me valoró sin condiciones.
Y yo, lleno de miedos,
dejé escapar mis sueños.
Eras mi único anhelo,
y te perdí.

Quisiera correr por la calle,
ayudarte con tu equipaje,
creer que regresas completo,
que eliges quedarte,
que solo deseas verme feliz.

Pero mi anhelo es imposible,
y mi corazón sigue partido.
Sé que no merezco perdón,
y tal vez por siempre
esperaré alivio.

— VOY A ARRANCARME EL CORAZÓN

Entre los abismos de mi mente
voy a disipar todo el dolor.
Mi orgullo, con el paso del tiempo, me confunde,
igual que mi frágil corazón.

Siempre aprendí a decir adiós
sin amor.
Quedé hueco, tan insensible,
que hoy solo quiero correr.

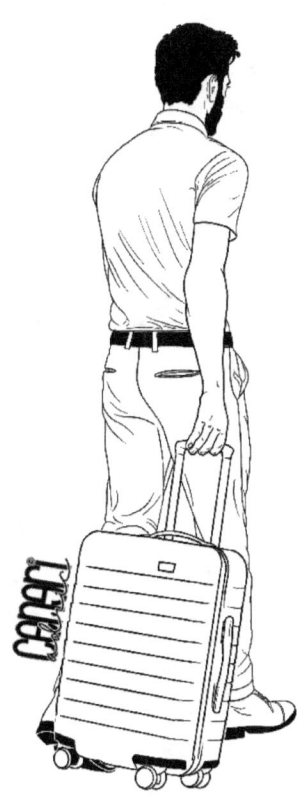

No eres tú el motivo
ni la razón de mi dolor.
No te veo en mi futuro,
y por eso me voy.

No tengo fuerzas para entregarme
a otro amor fugaz,
porque la vida conmigo
abusó de más.

Y si piensas que por tus besos
voy a llorar,
me das risa…
la verdad, te ves fatal.

No me esperes a la cena,
no valgo la pena.
Así que adiós,
yo ya me voy.
Cargo mil heridas
que, entre mis maletas,
siguen magullando mi corazón.
Soy un guion,
ajeno de mí mismo
y también del amor.

Siempre tendré
el corazón roto y vacío;
es mejor marcharme
por el bien de los dos.

No te preocupes por mí,
de verdad.
Mis ojos se secaron
de tanto llorar.
Pero no llores pensando
que hiciste algo mal;
en realidad
es el pasado
el que no puedo soltar.

Debí decírtelo
desde el principio, sin rodeos,
para que pudieras ver.

Pero esta vez
voy a arrancarme el corazón.
No quiero volver a creer
en la ilusión del amor.
No me llevo nada
a la frontera del más allá;
solo recuerdos conmigo
para quemar.
Porque dejarlos vivos
dolería aún más.

Por eso elige
otro camino.
Yo no soy la felicidad.
Soy un alma más,
sin encontrar un buen final.

Ya no me importa nada.
Solo quiero cerrar los ojos
y descansar
cuando mi corazón
deje de palpitar.

— EL PASADO Y EL PRESENTE

Busqué el amor en todos los lugares sin tener suerte.
Tuve placer y sexo con quien pude mil veces.
Fui el amor de todos sin saber contenerme,
elegí el rencor renunciando al amor para protegerme.

Roto por dentro,
busqué refugio en todas partes.
Busqué el amor
que me negaron mis padres.
No tengo excusa
por haber confiado en pervertidos,
pero necesitaba amor,
y mi inocencia fue el castigo.

Con el tiempo aprendí
que nada es perfecto.
Lo perdí todo
y aun así esperé algo mejor,
luchando por una vida
que solo parecía marchitarme.
Fue entonces
cuando mi odio puro empezó a amargarme.

Estar solo fue el inicio de mi oración;
hoy sé que algo real
está cambiando en mi corazón.
Cambié para protegerme
de la crueldad del mundo y su violencia,
para salvar lo que quedaba
de mi esencia.

Me quedé quieto
y dejé de buscar respuestas.
Viví solo,
lejos del amor y del odio,
buscando apenas paz
para mi existencia.
Él me encontró cansado y consumido,
creando refugio a mi manera.

Adric Ceneri
Just now · 🌍

In a Relationship
2014

Reparando las heridas
que me hicieron así,
me halló cuando casi renunciaba a mi final feliz.

Debo decir que me enseñó
que siempre hay razón para vivir.
Me enamoré de su compasión
y ante él me rendí.
No soy ni seré perfecto;
solo prometo amor verdadero,
aunque sea imperfecto.
Tal vez no sea el candidato ideal,
pero soy quien puede darle
un presente real.

Puede que no tenga mucho que ofrecer,
pero tengo intenciones
que vale la pena descubrir.
Tengo lo necesario
para hacerlo sonreír.
Solo sé amarlo como ya lo amo
y caminar con él
esa milla extra sin huir.

Solo tengo esta poesía sencilla
y mil halagos,
una copa de vino lista
para celebrar despacio.
Y esta invitación
a quedarse entre mis brazos.
Quiero construir con él
un hogar, no una casa.
Un lugar donde sembremos futuro juntos,
donde el amor crezca
y se cuide a diario.
Nuestro propio cuento,
vivido como decidamos.

CAPÍTULO VI

DESPERTAR

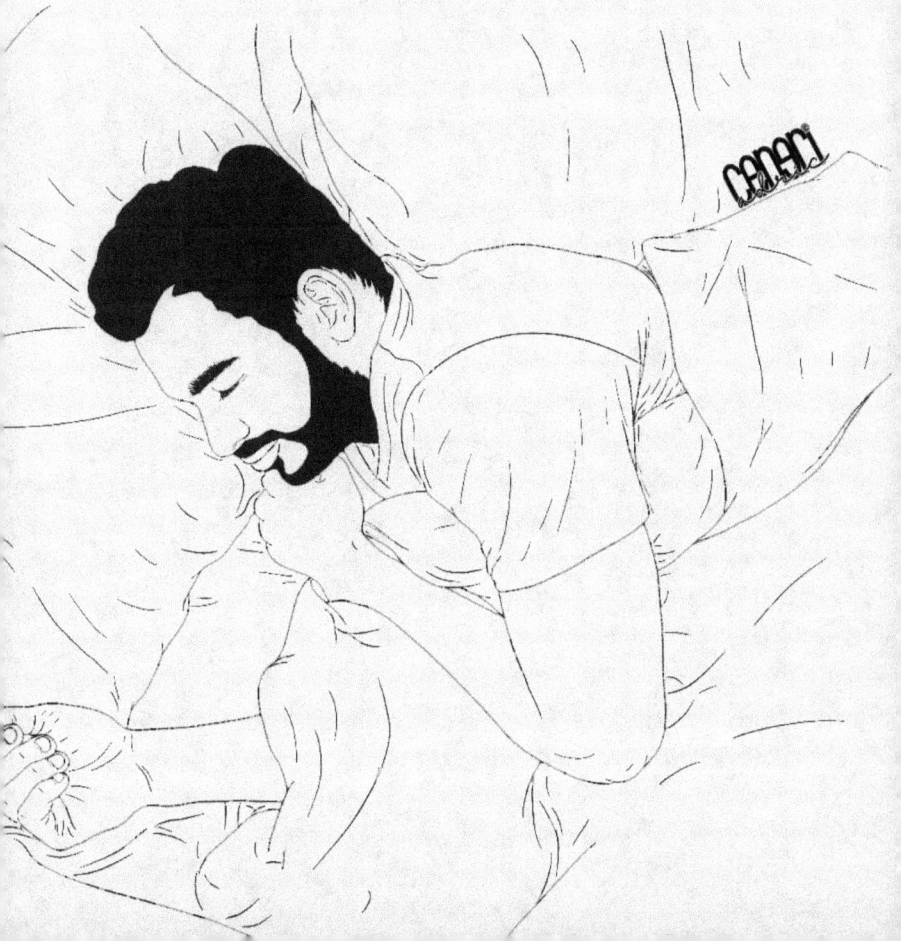

— QUIEN SOY

Quiero mostrarte
quién soy en verdad.
Te advierto:
puede incomodarte
lo que hoy encuentres acá.
¿Y si te lo digo ahora,
qué pasará?
Lo sé—
la verdad espanta
y quizá te irás.

O tal vez aprendas
a quererme más,
aunque duela,
aunque amar haga sangrar.
¿Y si huyo de tu vida mil veces?
¿Sin importar la distancia
me volverías a buscar?

Para quedarte conmigo
a pesar de quien soy.
Para recordarme
lo frágil que puede ser el amor.
Para mostrarme
que la oscuridad de mi corazón
hoy se ha vuelto
parte de quien soy.

Todos guardamos esqueletos
en el armario.
Y pese a todo lo que he hecho,
sigo encadenado
a recuerdos
que aún me siguen dañando.
La belleza se marchita
con los años,
y estoy cansado
de buscar lo perfecto—
sé que no existe,
y tampoco soy quien para exigirlo,
si ni yo mismo lo soy.
¿A quién engaño?

Quiero que sepas
que por mucho tiempo te he esperado.
Que comprendas el peso
y el costo de mis pecados.

Todos tenemos esqueletos
en el armario.
Dime si puedes quererme
sin interrogarme.
¿Aun así podrías amarme?
La perfección es solo un cuento inventado:
no existe luz
sin sombras en el alma.
Júrame que a mi lado te quedarás,
que no te importa mi pasado,
que me amarás sin juzgar
lo que he callado.

Hoy comprendo
que soy fuerte.
Que ya no le temo
a la muerte.

Hoy sé
que he madurado.
Soy consciente:
mi lado oscuro
camina conmigo
para siempre.

181

— QUIERO SENTIR, QUIERO VIVIR

Al despertar,
mis sueños se disuelven.
Mi corazón—
con tanto dolor,
ya casi no se siente.

Pero voy a resurgir,
voy a luchar por ser feliz,
a reescribir un futuro
solo para mí.

Voy a quemar la ira
con amores fugaces,
a derretir el hielo
para atreverme
a adorarte,
a amarte.

Voy a resucitar el amor
desde el fondo del corazón,
a escribir en mi alma
una historia mayor.
Quiero hablarte,
dialogarte...
quiero escribir,
quiero vivir.

Voy a resucitar
desde los abismos del infierno
y recrear
un corazón sincero y tierno.

Voy a reconstruirme,
a superar lo que perdí,
voy a luchar,
voy a elegir ser feliz.

Quiero sentir en mí
el deseo de amar,
quiero decirte ahora
de lo que soy capaz—
al besarte,
al desnudarte.

Quiero ahogar la furia
bajo el peso de la razón,
implorar tus labios
hasta desgastarnos.
Quiero atarte,
ser tu amante…
quiero sentir, quiero vivir.

— INTENTARÉ AMARTE HASTA EL FINAL

Precisa fue aquella madrugada cuando te dejé entrar.
Me abrazaste tan fuerte
que no supe escapar.
Atrapado en tus besos
me siento completo,
olvido mis miedos,
el tiempo se detiene,
me siento contento.

Y sí...
volví a enamorarme.
Me enamoré de tu sinceridad.
De mis historias heridas
sanaste las cicatrices,
y de ti hoy
no pienso apartarme jamás.
Porque tú
le das sentido a mi vida.
Intentaré amarte hasta el final.

Eres destino en mi camino
y no te quiero soltar.
Quién lo hubiera imaginado:
mi corazón volvió a brotar.
Encantado por tus besos
me siento pleno,
nada me falta en la vida
si tus abrazos me sostienen.

Intentaré amarte hasta el final...
me enamoré de tu sinceridad.

Amo tu compañía,
me enamoras cada día.
No dudes de mi amor jamás,
no me dudes jamás.
Porque sí…
volví a enamorarme.
Me enamoré de tu sensibilidad.

Hoy, en este instante,
eres mi mayor alegría.
Y deseo que sigamos juntos
hasta el final…
sí, juntos…
hasta el final.

— VOLVER A LA LUZ

El pasado no se olvida.
Quisiera arrancarlo de mi mente.
¿Cómo se borra
haber estado en el cielo
y caer directo al infierno?

La esperanza se me perdió temprano.
Perdí ante la ignorancia.
Aquella noche me arrebataron la inocencia—
abusaron de mi cuerpo
una y otra vez.

Quise rendirme, dejarme morir.
Pero no pude.
El rechazo quebró mi espíritu,
destrozó mi alma.
Mi primer amor
resguardó mi corazón,
y por un instante
olvidé el dolor.
A nadie le importó mi sufrimiento.

Lo viví mientras duró.
Piel tibia.
Noches de pecado.
El paraíso duró minutos.
No quería despertar.
Quería que durará para siempre.
Quería quedarme.
Pero la mañana llegó
y realidad se asentó.

Después solo quedó el odio.
No supe qué hacer con él.
Perdí mi primer amor
y nada volvió a consolarme.

Me entregué a la oscuridad.
Permití que mi corazón se ennegreciera,
alejé a todos.
La soledad se volvió refugio.

Me tomó cinco años entenderlo,
pero logré volver a la luz.
Recolecté los pedazos de mi alma,
creí—ingenuamente—en la esperanza,
dejé entrar al amor…
solo para descubrir
que me traicionaban.

El tiempo me recordó quién era.
Corrí sin detenerme.
La confianza rota mató mis emociones.
Elegí suprimir mi corazón,
abracé mis miedos,
enterré mi orgullo,
me perdí a ciegas,
y mi cuerpo enfermó.

Esta vez estaba roto de verdad.
Dejé entrar la soledad.
No miento:
me acostumbré al dolor,
olvidé cómo amar.
Herido, me escondí,
bloqueé el mundo,
elegí la salida más fácil
para sobrevivir.

Pero esta vez decidí luchar.
Contra Dios, contra el infierno.
No permitiría que tomaran mi alma.
Con mis propias manos
reescribí mi historia.
Me levanté desde la oscuridad
como un ave fénix negra.

Viví amargado,
alimenté mis miedos,
sentí la noche.
La vida no me ofrecía nada—
hasta que esa noche ocurrió algo.
Lo conocí sin miedo,
sin expectativas,
y le mostré
toda mi oscuridad.

Le mostré
cuán oscuro era mi corazón.
Y de algún modo,
nos fusionamos.
Él reúne mis pedazos,
día tras día.
Empieza a comprenderme.
Y mi corazón
aprende otra voz.

Mi alma,
por fin, late en sentimientos de amor.

— MI ÚNICO AMOR REAL

No te vayas ahora, por favor,
quédate conmigo una vida entera.
Nunca me había sentido de esta manera,
y siento que al fin termina la espera,
porque mi corazón
hoy solo quiere entregarse a ti.

Estaba perdido en mis recuerdos,
y tú me trajiste de vuelta a la realidad.
Nunca me sentí tan vivo
como cuando me miras sin dudar.

En verdad,
siempre caminé solo…
y hoy la soledad ya no existe.
Me enseñaste que amar no es huir,
sino quedarse.

No hay que llorar,
mejor amar.
La vida traerá tormentas,
pero no nos va a quebrar.
Lucharemos por nuestra felicidad,
porque siempre serás
mi único amor real.

Déjame demostrarte
quién soy realmente.
Hazme creer
que amar no fue en vano.
Dime que te quedarás a mi lado,
incluso cuando la vida apriete más fuerte,
porque el mundo es duro
y tú eres mi refugio verdadero.

A tu amor estoy atado,
así que llévame donde sea.
Esta vez sigo mi destino sin miedo,
porque sé que te quedarás conmigo.
Y lo sabes…
en el fondo sabes que es verdad.

CAPÍTULO VII

CORAZÓN PALPITANTE

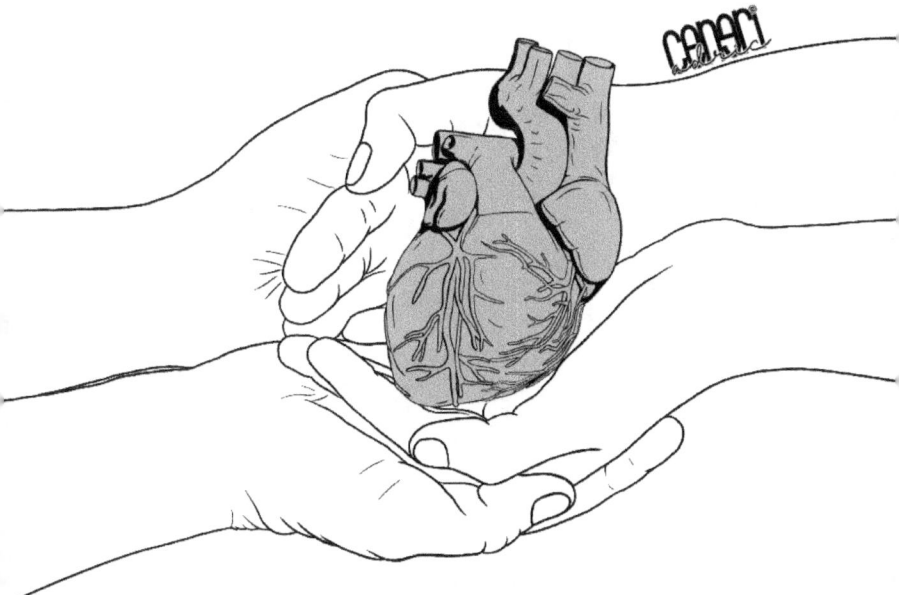

adric ceneri

— **SIN DUDA ALGUNA**

Sin duda alguna me enamoré.
No sé cómo,
pero volví a nacer.
Tal vez fue la cena,
o el paseo por la ciudad…
pero sin duda alguna
mi corazón no deja de latir.

Nuestra primera noche
en aquel boulevard.
Tu mirada y mi sonrisa
cruzándose en ese bar.
Me rescataste
de una soledad infinita
y encontraste
lo que había enterrado años atrás.

Sé que es muy pronto
para pensar en el después,
pero lo único que quiero
es ir a donde tú estés.
Has sido el mejor regalo
de mis veintiséis,
la primera rosa roja
que me ata
a tus pies.

Sin duda alguna te amo,
lo sé.
No digas nada,
solo quiéreme
y déjate querer.
Fue el fin de semana,
la película y tu mirar…
sin duda alguna
fueron tus besos
mi despertar.

Tus abrazos y los míos
girando en un vals,
enredados en la cama,
dando vueltas sin parar.

Sin buscarte te encontré
y no te pienso soltar.
Me voy contigo
al infinito
y un poco más allá.

No le temo a nada
si estás junto a mí.
No importa si es temprano,
solo te quiero a ti.
Mi sonrisa se agranda
cada vez que pienso en ti.
No hay nada en este mundo:
mi mundo
eres tú para mí.

Hoy, a mis veintiséis,
te lo digo sin mentir:
tú me haces feliz.
No porque quieras oírlo,
sino porque lo sentí.
Quiero escribir mil poemas
y leértelos para verte sonreír.
Quiero amarte sin medida,
porque contigo
quiero vivir.

— ÁMAME

Ámame fuerte,
ámame lento.
Dime que soy tu amor
cuando despierto en silencio.

Te extraño al dormir,
tu ausencia me pesa al vivir.
Sé mi amor,
sé mi todo,
no me sueltes ahora,
sin ti todo es incómodo aquí.

Permíteme tocarte,
mantenerte cerca.
Unamos las almas
y amémonos sin reservas.
Déjame agradecerte
porque por ti soy quien soy.

Mi mirada te busca
con fe y con devoción.
Sé que no estoy soñando,
sé que estás junto a mí.
Eres real,
y me quieres
como yo te quiero a ti.

No te lo había dicho…
yo nunca viví.

Nunca supe qué era la vida
hasta que te conocí.
Has hecho de mí lo que soy hoy.
Gracias por devolverme el aliento,
la calma,
y el corazón.

Quédate conmigo,
sé mi valiente caballero.
Cariño, te adoro,
no te vayas.
No apagues este fuego:
ámame
como yo te amo.

Sé mi amor,
mi gran tesoro.

— TE AMO

Te amo,
te amo, mi amor.
Te amo dormido, aferrado a la nada,
te amo en silencio
como nadie te ama.

Te amo incluso con todo tu dolor.
Te amo dulce y suave,
reposando en tu almohada.

Te amo cuando tus caricias
me alcanzan el alma.
Te amo sin prejuicio ni condición,
te amo como eres—
así eres perfecto para mi corazón.

Eres dueño de todo lo que soy.
No hay nada en ti
que yo cambiaría.
Amo cada pieza de tu razón.
Te quiero tanto
que sin ti no existiría,
tanto que sin ti
mi pecho no tendría corazón.

Te amo, lo juro por Dios.
Te amo cuando la soledad
te observa en silencio.

Te amo cuando solo eres mío
en la calma más plena.
Te amo cada vez que te tengo conmigo,
juntitos al alba.
Amarte como yo te amo…
para eso no existen palabras.

No hay nada en ti que yo juzgaría.
Comprendo cada trazo
de tu historia sin perdón.
Te quiero tanto
que eres mi alegría,
esa emoción eterna
con un lugar fijo en mi corazón.

— ENAMORADO ESTOY

Enamorado estoy
cada vez que escucho tu voz.
Enamorado estoy
cuando miras directo
al centro de mi corazón.

Sé, sin duda alguna,
que estoy enamorado.
Por ti aún cargo mis pecados,
por ti aprendo a aceptar
cuando me he equivocado.
Contigo entiendo mis errores,
y aprendo a no repetir
los mismos fracasos.

Enamorado estoy
porque confías en mí.
Enamorado estoy
porque sé
que me amas más que yo a ti.

Me completas
de todas las formas posibles.
Con tu amor me haces sentir mejor.
Podría jurar que has sanado
las grietas de mi corazón.
Estoy dañado, es verdad,
pero cuando estás conmigo
el dolor se marcha sin razón.

Enamorado estoy,
y necesito conocer tu decisión.
Saber que no me dejarás, amor,
que hoy te quedas conmigo
y que juntos
envejeceremos tú y yo.

Enamorado estoy
cuando me abrigan tus brazos.
Y cuando te alejas de mí,
te extraño—
porque tú eres mi todo.

Enamorado estoy
incluso cuando me siento perdido.
Siempre me ofreces tu mano
y logras sacarme del abismo.

Eres lo más hermoso
que me ha sucedido.
Quizás lo más complejo,
pero contigo todo tiene sentido.
Te lo juro: como tú
ya no existe nadie en este mundo.
Por eso te amo,
y no pienso alejarme jamás
de tu rumbo.

Enamorado estoy,
y esta es mi decisión.
Quiero entregarte mi corazón
si te quedas conmigo hoy—
aquí, para siempre,
solo tú y yo.

— ERES MI DELITO

Cuando al fin leas
toda mi narración,
solo escucha a mi amor.
Para mí lo eres todo.
Tú me haces feliz.
Te amo, mi amor:
eres el color de mi vida,
la sonrisa en mi rostro.

Hoy siento que me amas así,
abundante y profundo hasta el fin.
Todos los recuerdos tan bellos
que me has regalado los guardaré.
Hoy me encuentro a tu lado, mi amor,
y te juro
que no existe lugar mejor.
Te lo digo frente a frente,
sin mentiras.

Este es mi delito.
Te lo leo esperando mil besos,
porque tú me haces sentir completo.
Has llenado mi corazón.
Este es mi delito:
tú eres lo que más amo,
y quiero sellar el pacto más grande—
amarte solo a ti, mi amor.

Te juro que no hay nadie mejor.
Solo tú y yo.
Juntos podemos seguir adelante.
Escúchame decirte:
este es mi delito.
Te lo leo con ganas de robarte un beso,
esperando que me ates preso
y que jamás liberes mi corazón.

Tú eres mi delito,
aunque la religión lo llame pecado
y la sociedad no comprenda
que amarnos es la dicha
que invade mi corazón.

Tú eres mi delito,
y no me importa nadie más.
Solo quiero estar contigo.
No alejarnos jamás
de nuestra promesa de amor.
Soy tan tuyo como eres mío,
por siempre, mi amor.

— ENAMORADO

Así, sin aviso,
pero como nunca antes.
Transformaste mi corazón
y te ganaste mi amor.
No sé cómo lo hiciste,
pero lo sé sin dudar:
eres tú
a quien esperé ver llegar.

Puedo sentirlo—
me estoy enamorando.
Camino en tierra firme
con sensaciones mágicas.
Enamorado de quien besa mi alma,
de quien me liberó
de una jornada interminable.

Desde hoy, en mi corazón,
estás destinado a ser mi rey.
Y aun cuando estés lejos,
pensaré en ti todo el día.
Me regalas páginas en blanco
para escribir amor,
me ofreces la promesa
de un mundo mejor.
Tu amor es la tinta de estas líneas, mi amor,
y voy a inmortalizar
esta historia de nosotros dos.

Sé que es pronto,
pero lo puedo ver.
Eres a quien quiero cerca,
a quien deseo proteger.
Caballero de mis metas y mis sueños,
eres la inspiración
de mi poesía más sincera.

Me encanta que me hayas encontrado.
Y ten presente, mi amor:
siempre estoy listo
para entregarte el corazón.
Siempre llévame contigo
a nuestro nido de amor.

— DICIEMBRE

Si algún día olvido tu nombre,
recuerda que fue de ti que me enamoré.
Siempre serás ese hombre
a quien mi alma y mi vida entregué.
Y si te escribo este poema
es para que lo vuelvas a leer,
por si un día dudas
de cuánto, y cómo, te amé.

Pero hoy, mientras aún puedo hablarte,
mientras aún puedo amarte así,
solo confía en mí y toma mi mano.
Tengo dos boletos para partir:
Bogotá,
Quito,
Roma,
Londres
y El Cairo.

Contigo quiero recorrer la tierra entera
y aprender mil formas de ser.
Dejar que la esperanza florezca
y ver juntos, mil veces, amanecer.

¿Qué importa si es Viena
o si el destino es Quebec?
No importan los problemas
si tú estás junto a mí.

Solo contigo quiero bailar la vida.
Despertar a tu lado, siempre igual.
Mi amor por ti crece con los años,
sin prisa, sin final.

Tu nieve enfría el ruido de mi pensar.
Los domingos son perfectos al despertar,
porque siempre amanezco a tu lado.
Quiero regalarte el tiempo congelado
en nuestro eterno diciembre.
Contigo se disuelven mis miedos,
y regreso, por fin, al presente.

Corramos bajo la lluvia,
besémonos bajo el cielo mojado.
No hacen falta paraguas
si tu brazo sostiene el mío.

Si te entrego mi vida entera,
no desprecies el cobre ni el oro.
Nada me hará cruzar esa puerta,
te prefiero
imperfecto y noble.

Me enamoré de tus defectos,
de tus gestos sinceros.
Ojalá me ames como yo a ti:
con lealtad,
sin miedos.

— RECORDAR

La cena en aquel bar
fue el inicio de los dos.
Me perdí entre tu mirada
que sin aviso conquistó mi corazón.

Y hoy,
años después,
seguimos aquí amándonos más.
Nuestros planes, poco a poco,
se convierten en realidad.

Pasa el tiempo,
pasa...
coleccionando memorias para guardar.
Crece nuestro amor,
crece...
con los gestos
que nos sabemos regalar.

Todo amor puede cansarse,
pero encontramos la razón:
sembrar esperanza,
confianza
y comprensión.

Qué bonito es recordar
aquel paseo por el bulevar,
pero más bonito es construir
un futuro que quiera quedarse a habitar.

Cada amanecer un beso,
y antes de dormir otro también.
Mi corazón sonríe al tenerte
desde el día en que te encontré.

Pasa el tiempo,
pasa...
y nos regala otra oportunidad.
Crece nuestro amor,
crece...
con los detalles
y los abrazos que me das.

Es un trabajo interminable,
pero su premio es satisfacción:
la compañía,
el apoyo
y el sostén de los dos.

¿Nos hemos desviado?
Tal vez, tú y yo.
No somos perfectos—
recuerda lo que nos decían:
"Solo los valientes
lo apuestan todo por amor."

Decidimos no rendirnos,
luchar por ser mejores cada día:
cuando hablamos,
cuando escuchamos,
cuando nos entendemos sin herirnos.

Porque el amor crece,
crece...
cuando nuestros labios se buscan.

Porque el miedo muere,
muere...
cuando no hay dudas ni rencor.

Porque el tiempo muere,
muere...
pero nos deja una historia en el corazón.
...

Porque el alma envejece,
y en su sabiduría
aprende por fin la razón.

Siempre es grato recordar
los momentos que se van.
Aún más cuando son muchos
y me hacen sonreír al regresar.

Son esos instantes felices
los que quiero seguir creando.
Y en el futuro,
a tu lado,
recordarlos sonriendo—
sabiendo que seguimos aquí,
amándonos.

— SIN DUDAS AMOR

Momentos de hoy
que mañana serán recuerdos de ayer.
Lo sé.

A ti me entregué.
Creí en lo nuestro
y no me equivoqué.
Era destino—
ya lo ves.

Aposté todo al amar,
y veo que tú igual.
Juntos,
luchando hasta el final.

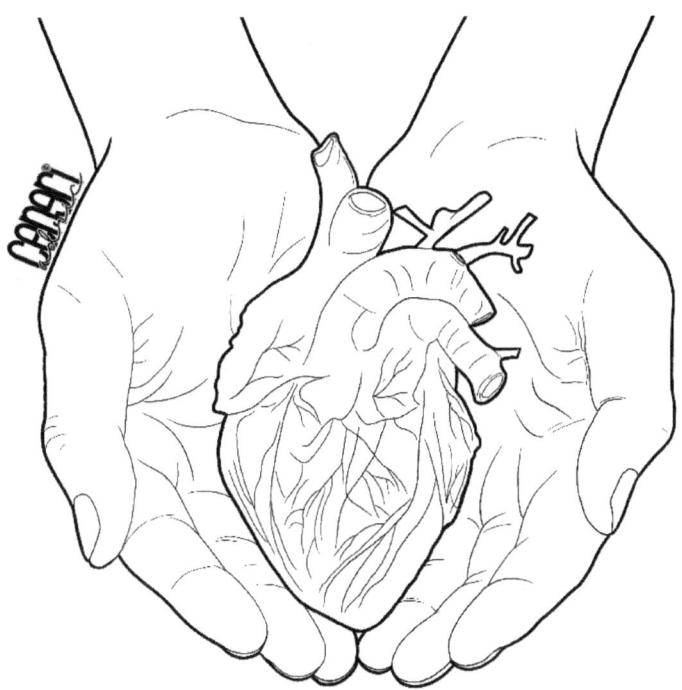

Te amo y no tengo que explicar:
tú me amas de verdad.
Amándonos así, todo se puede lograr.

Aposté el alma y te entregué el corazón.
Besos cálidos que me llenan de amor.
Te di mi vida y tú me disté razón.
No son palabras:
tú eres mi inspiración.

Te quise y todo cambió.
Y, aun así,
te amo sin dudas, amor.

Soy como soy,
no hace falta decir más.
Solo lee—
así es.

Día del amor y la amistad,
tú y yo
amándonos más.
Caminando el mundo
sin mirar atrás.

Te amo
y hoy lo quiero expresar,
porque tú me haces feliz
sin dudar.
Sé que estas líneas
las sabrás guardar,
amor.

Aposté todo
y abandoné la razón.
Mis sentimientos
son tuyos, amor.
Lo dejé todo
por tus besos, por tu pasión.
Estas palabras
brotan del corazón.

Te amo con devoción,
te adoro sin condición.
Sin dudas,
mi amor.

— ME AMAS

Me amas
cuando tus manos recorren
lentamente mi espalda.
Cuando tus besos endulzan
por completo mi alma.
Cuando te miro a los ojos
y me comprendes
sin decir palabra.
Me confirmas.

El tiempo sigue pasando,
y con él crece lo que por ti siento.
Soy capaz de darte mi vida
sin arrepentimiento.
Te lo digo aquí, ahora,
porque puedo:
te quiero.

Gracias por no permitir
que nuestras dudas ganaran.
Porque puedes ver en mis ojos
todo lo que mis labios callan.
Te lo digo despacio al besarte,
susurrando que nuestro amor
sobra y basta.
Desde aquella primera cita de noche
supe que me amarías
como nadie jamás.

Te amo,
pero no en un pasado que huye.
No te amo
en un presente que se disuelve.
Mucho menos en un futuro
hecho solo de promesas.

Te amo ahora.
Con un amor infinito,
sin límites ni relojes.
Un amor sin distancias,
sin egos ni condiciones.
Un amor de comprensión plena,
de promesas ya cumplidas,
porque se viven.
Sin expectativas,
desde aquella noche en que llegaste
y nuestros deseos coincidieron.

Gracias
por todo lo que haces cada día,
de noche y de mañana.
Porque solo tú conoces
lo que a veces mi alma no nombra.
Porque sé que lo entiendes
cuando te beso
y te miro a los ojos
diciéndote "te amo"
como ya nadie se ama.
Con un amor profundo como el océano
e infinito como las galaxias.

Prometo amarte
más allá de la vida y la muerte,
porque tú le diste vida a mi corazón.

Prometo luchar por este amor
con valentía constante,
porque sé que como el nuestro
no hay dos.

Sé que me amas.
Y te amo sin decirlo,
sin explicarlo,
sin gritarlo.
Nuestro amor es único,
no se compara,
sobra y basta
mientras nos tengamos.
Desde aquella primera cita de noche
yo supe
que me amabas.

Hoy te casas conmigo.
Comenzamos una nueva etapa.
Nuestras vidas, unidas al mismo compás.
Guardemos este momento
para recordarlo en el futuro.
Porque te amo irrevocablemente,
sin palabras,
y quiero que siempre me ames
como prometo amarte
hasta el final.

— SIEMPRE HABRÁ UN NOSOTROS

No somos lo que un día fuimos.
Ni las palabras que se perdieron,
ni los recuerdos que dolieron.
Nuestro pasado no nos define:
solo nos trajo hasta aquí.

Siempre sereno
cuando te hablaba de mis tormentas,
y tú, sonriendo, me decías
que cuidarías mis sueños
hasta el amanecer.

Cuando me abrazas
la tristeza no encuentra lugar.
Tus besos me llenan de luz
y la soledad se retira en silencio.
Ya no necesito preguntas
ni respuestas:
estoy contigo hasta el final.

No me hagas promesas nuevas.
Lee estas líneas
y entiende:
te amo más que ayer.
Y mientras pasan las horas,
mi amor crece sin miedo,
con la calma de quien sabe
que ha llegado a casa.

Solo somos dos almas que eligieron quedarse.
Por eso,
siempre habrá un nosotros.
Somos el poema del día,
un amor que no necesita final.

Nuestro amor no es para quien no sabe sentir.
Somos fuego consciente,
dos amantes despiertos,
una estrofa escrita con verdad.
Entre canciones suaves
y cenas lentas,
veo cómo la vida nos ofrece
motivos para seguir.

Y solo queda una pregunta,
dicha sin prisa,
sin presión,
sin temor:
¿Quieres unir tu vida a la mía
hasta el final?

Si tu respuesta es sí,
no necesito huir lejos.
Me basta caminar contigo,
descubrir paisajes en tu mirada,
habitar el mundo
como hogar compartido.

Porque no importa el lugar
ni la distancia:
siempre habrá un nosotros.

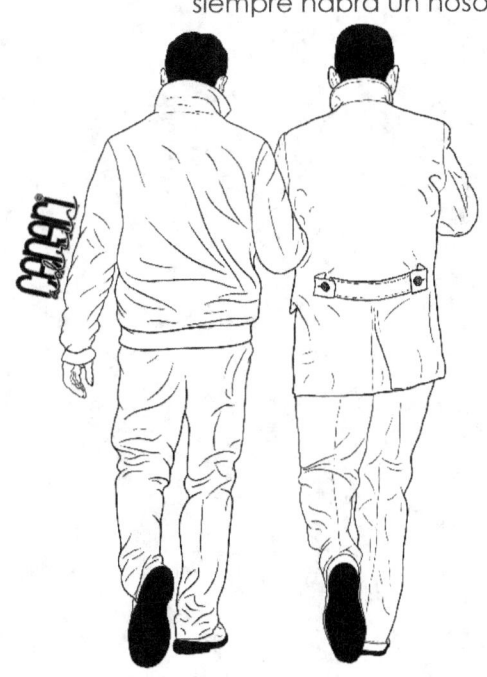

caminando hacia la felicidad

AGRADECIMIENTOS

A mis lectores.
A mi editor y contribuidores.
A mis creadores.

— ADRIC CENERI

A mis lectores:

Me gustaría agradecerles por su apoyo infinito,
por el valor que les dan a mis escritos,
y por siempre acompañarme leyendo cada palabra que publico…

🔲 @adricceneri

Gracias por ser parte de mi trayectoria, por ser parte de mi vida y por siempre elevar mis poesías. No existen palabras suficientes para expresar lo agradecido que me siento por haber alcanzado algo que nunca imaginé posible. Es gracias a ustedes, gente hermosa, que me mantengo motivado y decidido a llegar lejos en la vida.

Gracias a todos mis amigos poetas de la comunidad de Instagram por su apoyo constante y por el amor que le brindan a mi arte. Me siento profundamente bendecido de haberlos encontrado en este espacio y de haber coincidido aquí. Muchos de ustedes me inspiran más de lo que puedo expresar, a convertirme en un mejor poeta y un mejor artista cada día, sin dejar de ser auténtico y fiel a mi esencia.

De todo corazón,
mil gracias.

A mi editora:

No puedo expresar completamente mi gratitud por la dedicación, el profesionalismo y el cuidado con los que trabajaste en la edición de este libro. Tu criterio, orientación y revisiones detalladas ayudaron a pulir mi obra y a llevarla a su mejor versión.

Yareli Chávez, quiero que sepas lo profundamente satisfecho que estoy con los resultados de tu lectura y edición. Tu atención al detalle, tu claridad y tu compromiso con la excelencia superaron mis expectativas. No pude haber elegido una mejor editora para este proyecto.

Me has enseñado más de lo que puedo expresar con palabras. Estoy sinceramente agradecido por tu crítica constructiva y por la forma en que me ayudaste a fortalecer mi voz y a ampliar mi visión como escritor y autor. Gracias por tu tiempo, tu paciencia y el cuidado minucioso que brindaste a este manuscrito.

Estoy inmensamente orgulloso del resultado final, y gran parte de ello se debe a tu valioso aporte.

A mis contribuidores:

Quiero dar un reconocimiento especial a mi amiga **Yolanda Velázquez** por su valiosa contribución en la corrección y pulido de este libro. Gracias por acompañarme en este proceso y por trabajar a mi lado y junto a mi poesía durante la revisión de esta obra. Tu tiempo, dedicación y atención ayudaron a que este proyecto alcanzara su mejor versión.

Ha sido un honor trabajar contigo. Este libro significa más de lo que puedo expresar con palabras: es mi historia, mis sentimientos y el resultado de muchas horas de reflexión, creatividad y entrega. Tu apoyo para hacer realidad este proyecto siempre tendrá un lugar especial en mi corazón.

También quiero agradecer a mi esposo, **Jesus Rubio**, por estar a mi lado en cada paso del camino. Gracias por tu paciencia con mis ideas interminables, por creer en mis sueños y por darme el espacio para perseguirlos. Gracias por leer, revisar y ayudar a pulir este libro, y por el tiempo y el amor que invertiste en un proyecto que me acerca un paso más a la felicidad que siempre he anhelado.

Gracias por tu constante apoyo, por valorar mis palabras y por la compasión que mostraste al conocer el pasado difícil que me tocó vivir. Por todo esto y más, agradezco despertar cada día contigo. Le das sentido, fuerza e inspiración a mi vida, y haces que cualquier rumbo que tomemos juntos valga la pena.

A mis creadores:

Quiero agradecerles por darme la vida, por los genes que hicieron posible mi existencia. Sin ustedes dos, yo no estaría aquí. Sé que venimos de un pueblo sin educación, marcado por la pobreza y la carencia. Hubiera deseado que tomaran mejores decisiones. Hubiera querido que pensaran en sus hijos, quienes pagamos las consecuencias. Pero la vida no ofrece segundas versiones.

Padre;

No tengo mucho más que decir. Hubiera deseado que me amaras sin condiciones, sin expectativas y sin la ignorancia que convirtió mi tiempo contigo en sufrimiento. Aun así, te agradezco por mostrarme claramente lo que es la ausencia. Espero que con el tiempo encuentres paz en tu corazón. Yo intentaré perdonar, aunque sé que olvidar quizá nunca sea posible.

Madre;

Te amo. Gracias por creer en mí y por dar siempre lo mejor de ti dentro de tus posibilidades. Hoy sé que cuando la vida te alejó de mí, no fue por elección. Las circunstancias nos separaron y yo cargué con el peso de esa ausencia. Viví el dolor, el juicio y la condena de ser un niño sin su madre, y durante muchos años te culpé por ello.

Por mucho tiempo lloré en silencio, cargando el rechazo y el resentimiento de un pueblo que me vio sufrir. Aún hoy, parte de ese dolor permanece. En el fondo sé que no fue tu culpa, pero tu ausencia me dejó vulnerable. Era frágil, estaba solo, y mi corazón se rompió sin remedio. Me sembraron odio y mi vida se convirtió en sobrevivir. Resistía una y otra vez, esperando el día en que regresaras por mí.

Hoy he decidido avanzar en una dirección distinta, construyendo mi propia felicidad. Te amo, madre, a pesar de todo lo vivido. Comparto estas palabras no para herirte, sino porque ya no puedo cargarlas solo. Mi vida ha cambiado para bien, aunque tuve que esperar dos décadas para llegar aquí.

Madre, quiero dejarte esto: nunca dejes de soñar, nunca dejes de vivir y nunca te rindas. La vida es un regalo que nos enseña a través del error y la fortaleza. Es lo que hacemos de ella. Ojalá algún día podamos ser, al menos, buenos amigos, ya que el vínculo de madre e hijo nunca logró sanar del todo. Sigo agradecido por lo bueno que me diste y nunca olvidaré los recuerdos de nosotros antes de que la tragedia manchara mis sueños. Siempre serás mi madre, mi heroína, y yo siempre seré tu hijo.

A CERCA
DEL AUTOR

Adric Ceneri es un artista, poeta, escritor y autor cuya obra nace de la experiencia vivida y la verdad emocional. Nació en México y pasó su infancia en las costas del Océano Pacífico, donde fue criado por sus padres hasta los cinco años. Tras su separación, enfrentó circunstancias que marcarían profundamente su identidad y definirían la esencia de su trabajo creativo.

Su poesía explora el dolor, la supervivencia, la identidad y la sexualidad, transformando heridas personales en expresión artística. Ceneri escribe con una voz honesta y desafiante, convirtiendo emociones crudas en lenguaje poético y manteniéndose fiel a sí mismo como artista. A través de una narrativa íntima y evocadora, su obra da forma al sufrimiento, la resiliencia y la búsqueda de sentido.

En agosto de 2003 emigró a los Estados Unidos en busca de estabilidad y paz, tras atravesar una etapa de profundo conflicto emocional. Aunque sobrevivió, las secuelas de esa experiencia marcaron su desarrollo personal y creativo.

La escritura se convirtió en su refugio. Durante la preparatoria, comenzó a escribir en soledad después de clases, utilizando el lenguaje como herramienta de supervivencia mientras aprendía inglés en un entorno desconocido. Paralelamente, sus estudios de arte le permitieron descubrir una nueva forma de canalizar el trauma. Desde entonces, el arte y la escritura se consolidaron como pilares fundamentales en su vida.

En 2010, tras varios años de rechazos editoriales, autopublicó su primera colección de poesía, *My Poetry: Los Restos de un Humano*, la cual recibió una respuesta positiva que le permitió iniciar lecturas públicas y construir una base de lectores.

Posteriormente, su obra *P.E.D.R.O.: Deep Emptiness* fue aceptada para publicación como la primera parte de una novela proyectada en cuatro libros. Sin embargo, debido a limitaciones de producción, el proyecto fue cancelado. La obra será relanzada después de 2026 bajo el título *PEDRO*. Con más de veinte años escribiendo y más de una década como autor publicado, Ceneri cuenta con múltiples obras, entre ellas *My Poetry: Los Restos de un Humano* (2010), *Caminando Hacia la Felicidad* (2019) y su más reciente colección publicada en 2026, *Si Alguna Vez Sentiste Demasiado*. Además, ha desarrollado una serie de diarios temáticos inspirados en *Caminando Hacia la Felicidad*.

Actualmente colabora con Magesoul Publishing, trabajando junto a su fundador, Carlos Medina, y su equipo para impulsar y dar visibilidad a nuevas voces dentro de la comunidad poética.

Además de su labor como escritor, Ceneri es un artista visual. Ha diseñado portadas para obras como *It Hurts*, *Survival* y *Healing*, la primera trilogía de antologías de Magesoul Publishing, así como proyectos para otros autores. También ha contribuido con obras inéditas dentro de estas antologías y continúa desarrollando traducciones y proyectos visuales dentro del ámbito literario.

Sitio web:
www.adricceneri.art

Instagram:
@adricceneri

OTROS LIBROS POR

ADRIC CENERI

Si Alguna Vez Sentiste Demasiado
Disponible en ES | EN | IT | FR | PT

Si Alguna Vez Sentiste Demasiado
¿Qué significa sentirlo todo... y aun así seguir adelante?

Si Alguna Vez Sentiste Demasiado es una colección de poesía íntima y profundamente humana que explora el anhelo, la identidad, el desamor y el peso silencioso de las emociones que a menudo cargamos en soledad.

A través de versos crudos y líricos, Adric Ceneri te invita a un viaje marcado por la vulnerabilidad y la reflexión—uno que transita del dolor hacia la comprensión, y de la soledad hacia la conexión.

Dividida en cuatro movimientos emocionales, esta colección se despliega a través de:

• heridas no dichas y batallas silenciosas
• reflexiones nacidas en la soledad
• la intensidad del amor, el deseo y la identidad
• y la ternura de simplemente ser visto

Combinando simplicidad con profundidad emocional, estos poemas capturan momentos fugaces, luchas internas y el deseo universal de ser comprendido.

Esta edición preserva poemas seleccionados en español, honrando la voz del autor en su forma más auténtica.

Para quienes alguna vez sintieron demasiado...
o no lo suficiente—
estas páginas se sentirán como hogar.

Available Now on Amazon.com
Caminando hacia la felicidad
Disponible también en EN | IT | FR | PT

DIARIOS *por Adric Ceneri*

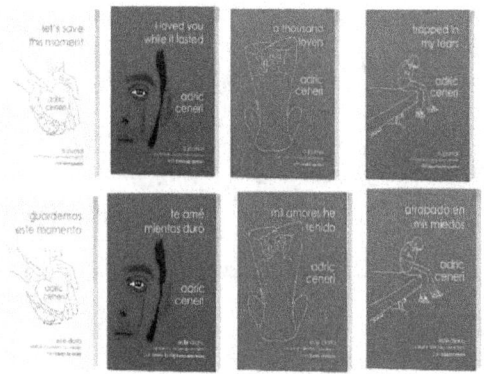

Estos diarios, compuestos por **cuatro temas diferentes**, incluyen un **calendario flexible y sin fechas**, diseñado para adaptarse a tu ritmo diario y permitirte actualizarlos día a día con tus planes, metas y tareas pendientes.

Para los corazones románticos: *Guardemos este momento.*
Para los corazones rotos: *Te amé mientras duró.*
Para los corazones apasionados: *Mil amantes.*
Para los corazones heridos: *Atrapado en mis miedos.*

El calendario integra **frases inspiradoras y bocetos artísticos** basados en mi libro *Caminando hacia la felicidad*, convirtiendo cada página en un espacio de reflexión, intención y crecimiento personal.

Disponibles Ahora en Amazon.com

ANTOLOGIAS
por Magesoul Publishing
presentando a Adric Ceneri

IT HURTS - DISPONIBLE AHORA EN <u>AMAZON.COM</u>

Una colaboración de quince escritores que comparten emociones, experiencias y, sobre todo, sus almas a través de las palabras. Todos hemos estado ahí. Es parte de la condición humana. Todos tenemos una historia que contar, pero nuestras historias no siempre son escuchadas. Con demasiada frecuencia, nuestras voces son silenciadas.

It Hurts es una antología única que recoge las experiencias vividas de quince autores quienes, a través de sus capítulos individuales, ofrecen interpretaciones profundamente personales de lo que realmente significa **doler**.

SURVIVAL - DISPONIBLE AHORA EN <u>AMAZON.COM</u>

En cualquier momento de nuestras vidas es inevitable enfrentarnos a la adversidad—algunas veces soportable, otras… completamente insoportable. Como especie que ha evolucionado a lo largo de miles de años, la perseverancia es una característica intrínseca del ser humano; la voluntad de continuar, sin importar los desafíos que se crucen en nuestro camino, forma parte de nuestra esencia.

En estos tiempos inciertos, donde las almas alrededor del mundo penden de los frágiles hilos de la esperanza, presentamos *Survival*. La segunda antología de la **Trilogía de Magesoul Publishing**, esta obra reúne las experiencias vividas de veinticinco escritores, entrelazadas en testimonios poderosos de determinación, resistencia y valentía frente a la adversidad.

HEALING – MUY PRONTO – ABRIL 2026

Todos atravesamos muchas etapas en nuestro recorrido personal por la vida. En la lucha por nuestra propia supervivencia, llega un momento en el que no nos queda otra opción más que ser valientes y esperar algo mejor. Primero debemos comprender que no somos lo que nos hicieron; somos sobrevivientes, luchando por una oportunidad de encontrar paz y amor.

Sanar es el acto de reconstruir lo que fue roto, un día a la vez. *Healing* es la última antología de la **Trilogía de Magesoul Publishing**. Con la participación de trece valientes escritores, esta colección está llena de esperanza y fortaleza, recordándonos que la paz y el consuelo son posibles, y que algún día podemos volver a sentirnos completos.

OTROS LIBROS POR
Magesoul Publishing

Por CARLOS MEDINA

Phases of the Soul

Precious Pain

Cremating Past

Eternal Devotion

Seeking the Unknown

When my Soul Cries

Rebirth

Whiskey Tears – Erica Varela

The Wilted Walls – Kristin L Provenzano

The Side Effects of L – Alex Le'Gare

Timeless Depths – Erica Varela

Anchoring Me – Nicole Hartley

The Side Effects of L – Alexander Le'Gare

www.ingramcontent.com/pod-product-compliance
Lightning Source LLC
Chambersburg PA
CBHW071723120626
46550CB00001B/356